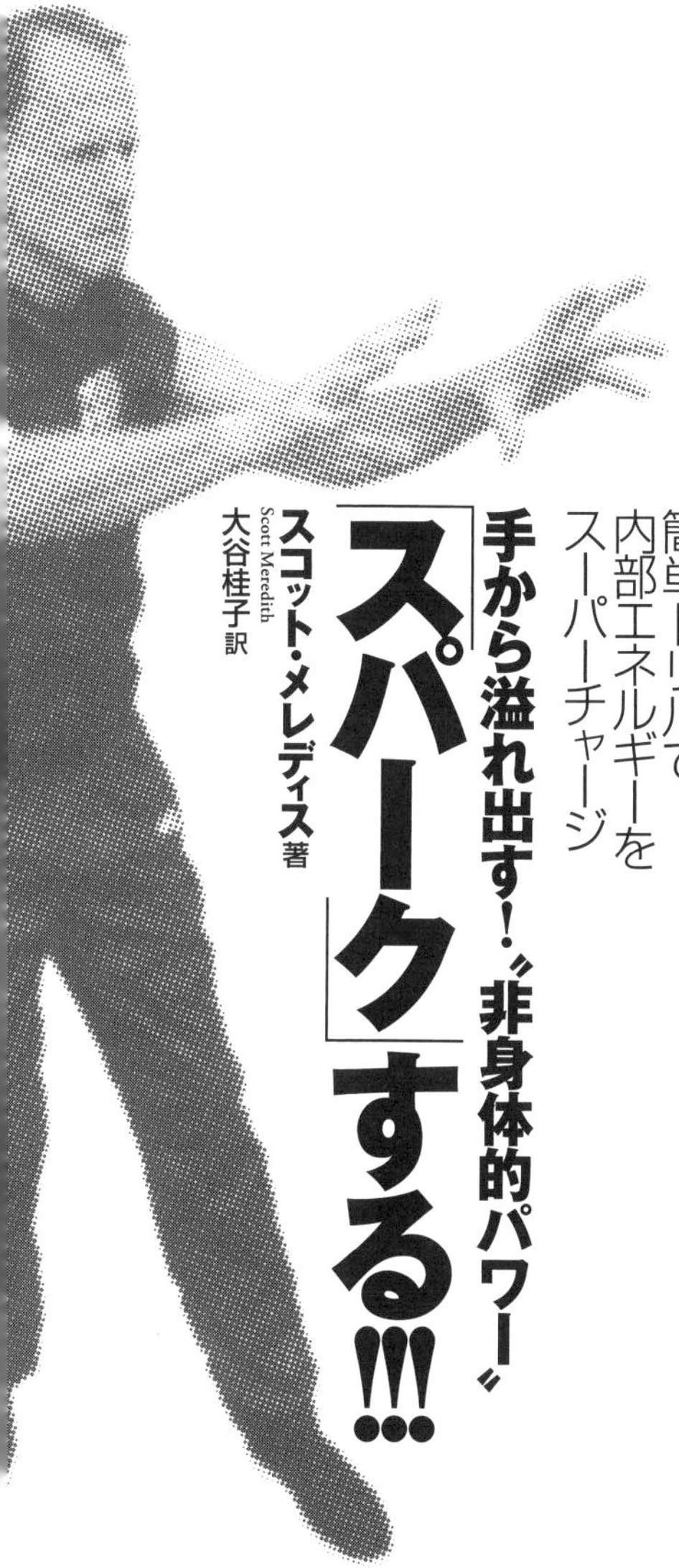

簡単ドリルで
内部エネルギーを
スーパーチャージ

手から溢れ出す！〝非身体的パワー〟
「スパーク」する!!!

スコット・メレディス著
Scott Meredith
大谷桂子訳

BAB JAPAN

献辞

光り輝く神秘の宝石、太極拳をカットして輝きを与え、
さらに洗練させて体制化した天才的宝石職人、王宗岳を偲んで。

自身の世代を代表する最も偉大なる太極拳の達人、
羅邦楨師範に捧げる。

羅邦楨氏は本書のいかなる部分に対しても、
その責任を問われることはない。

注記

ほとんどの中国語は、標準的な使用方法、個人的嗜好、歴史上容認されている前例に基づき、繁体字を採用しました。

挿絵はすべて本書のために作成されたオリジナルであり、アートワークの概念並びにデザインはスコット・メレディスとジェレミー・レイによるものです。また、イラストは全てジェレミー・レイの作品です。全ての著作権はスコット・メレディスのものです。

CONTENTS

CONTENTS

免責事項

本書で紹介する全てのプラクティス、プロセス、練習方法は個人の娯楽目的のために提供されています。太極拳を含むいかなる武道のプラクティスにも、不可逆的な障害や死を含む、ただし必ずしもこれだけに限定されない危険が伴います。医療免許、資格をもつ医師やヘルスケアの専門家の即時あるいは継続的な監視が得られない場合には、いかなるトレーニングも行わないでください。本書に書かれているいかなることも、十分に承知しないまま、納得しないまま、実行しないでください。また医療免許、資格を有する医師やヘルスケアの専門家による指導が不可能な場合にも実行しないでください。本書は医療診断や治療方法として使うことを意図して書かれたものではありません。同様に、本書に書かれている治療法、アクション、応用法、及び準備法などの情報を読み、それらに従い実行する読者の方々に対して、その行動から生じるいかなる損傷やネガティブな結果に対しても責任を負いません。出版社、著者（並びに翻訳者）は医師の監督を必要とするいかなる健康状態やアレルギー問題に関して責任を負いません。同様に、本書に書かれている治療法、アクション、応用法、及び準備法などの情報を読み、それらに従い実行する読者の方々に対して、その行動から生じるいかなる損傷やネガティブな結果に対しても責任を負いません。著者および出版社（並びに翻訳者）は、いかなる種類の表明または保証を行うものではありません。また、内容についての正確性、完全性に関して一切の責任は負いません。特に、市場性、商品性、特定目的との適合性について暗示の保証を否定します。著者および出版社（並びに翻訳者）は本書に含まれる情報またはプログラムによって直接的、間接的に引き起こされた、あるいは、引き起こされたと主張されるいかなる損失や付随的及び派生的な損害に関して、いかなる人や団体に対してもその責任を問われることがなく、負うものでもありません。自分の身は自分で守りましょう。

第1章

「何か妙なもの」を実感するために

心が両手に投影されなければ、万の技術を持っていても役に立たない。

（山岡鉄舟の言葉―ジョン・スティーブンス著『The Sword of No-Sword: Life of the Master Warrior Tesshu』より）

ブラジリアン・ガード・ドッグ、あるいはポルトガル語でフィラ・ブラジレイロという種類の犬がいる。体が大きく獰猛で俊敏だ。最も勇敢で頼もしい犬種だろう。常に飼い主に連れ添いその忠誠心はこの上ない。見知らぬ人に対する不信感が特徴でもある。飼い主への危機を察すると、即、防衛本能が働き、攻撃態勢を取る。専門家は次のように話す。

ブラジリアン・ガード・ドッグは優れた番犬の気質を有し、見知らぬ人への警戒心が強い。また飼い主に迫る危機を、即察知する能力にも長けている。その忠誠心と飼い主擁護の性格から、ブラジルでは「フィラのように従順」という諺がある。ポルトガル語で「Ojeriza」と言い表されるその気質は、英語では「嫌悪」「不信」という意味である。危険人物、危険な状況から飼い主を擁護する姿勢が本能的に備わっている。

（Wiki.com）

そのパワーや勇敢さは生まれ持った特徴であるが、飼うに際しては最大の注意を払わねばならず、繁殖や飼育、さらにソーシャライズにも念入りなケアが必要である。また体が大きく力強く賢く快活なことに加え、並外れて勇敢で決断力に優れている。だが、これらの利点をきちんと発達させるには、強固なトレーニングを一貫性を持って無理強いせずに行うリーダーの存在が不可欠である。

(vetstreet.com)

ここで内部エネルギーとフィラとを比較してみたいと思う。もちろんお遊びだ。内部エネルギーを危険なまでに高めるには、何十年もの歳月を要する。

私たちには、ある種のパワーが潜在的に備わっている。「身近な存在だ」。他人に対して危害を及ぼすものではない。フィラの性質のように全くパーソナルなもので、自分を危機から守ってくれるものだ。この内部パワーに気づくと、それが自分にとって面白いプロジェクトとなり得る。フィラのブリーダーがその繁殖と飼育、訓練に熱を上げるのと同様に、専門性を有した規律ある立派なプロジェクトとなる。つまり自身の未発達の内部パワーを鍛え発達させ、コントロール可能にするのだ。無理強いすることなく、強固さと一貫性を持って内部パワーを発達させるのである。これが本書の趣旨である。

生まれた時から常に飼い主に連れ添うフィラの子犬のように、内部エネルギーは常に私たちのそばにある。ただ、ほとんどの人がそれに気づいていない。このパワーは飛んでくる銃弾や核爆発から私たちを守ってくれるものではない。それはフィラも同様だ。だが私たちを擁護する機能がある。いや、それ以上の力がある。人間に備わった非常に興味深い資質だ。

ほとんどの人がそのパワーを無駄にしているのが残念だ。内部エネルギーが欠如しているのではない。それを発達させコントロールすることを学んでいないだけだ。フィラがその長所を発揮するには、厳しいトレーニングを細部にわたって徹底的に受ける必要があるが、内部パワーも同様である。非身体的エネルギーとはいえ、想像を絶するほど不思議なものではない。内部エネルギーが持つ潜在的な能力を多少でも信じる。それだけでいいのだ。

内部エネルギーの訓練は、動物の飼育の域を超える。フィラは単に比喩で使った。両者の比較が全く話にならないレベルに即進んでいくだろう。多くの人が時折体にムズムズ感を持ったり、マイルドなプレッシャーを感じたりするのは私も知っているが、なぜそれ以上のエネルギーを感じられないのか私には常に不思議である。週末催される気功セミナーなどで体験する類の、面白いが弱小で瞬間的な内部エネルギーを遥かに超えた域に達しようではないか。一度クリスタルメスを味わったら、低タールのタバコなど吸いたくなくなるだろう。クリスタルメスとはいっても、脳への損傷は皆無だ。これ以上の快楽があるだろうか。

本書は一定の流派やスタイルにこだわるものではなく、また個々のレベルも関係ない。言わばアジアンフュージョンだ。初心者でもすぐに始められる。上級者にとっては全く未知の材料ではないかもしれないが、ちょっとした捻りを加えてあり、挑戦しがいがあるかと思う。チャージを怠っていた内部バッテリーが充電されて若返り、火花が散ることだろう。

本書で紹介するドリルは基本的に初めて公開するものである。中には以前どこかで簡単に触れた練習法の変形版や上級編もあるが、「両手をスーパーチャージする」という本書の目的に沿った形で紹介するドリルとしては全てが初公開である。私がこれまでの修行を通して、本書の目的達成のために最良だと判断したものばかりを集めた。手をスーパーチャージするためのドリルのベストコレクションと捉え、練習していただければ幸いである。ただ、これらの練習法は1つ1つ突き詰めると奥が深く、そこからさらにいくつもの練習方法が考えられる。それらはスタイルに特化した、私の別の本で充実させて紹介していることだけは断っておきたいと思う。

練習するにあたっては、研ぎ澄まされた感性が大切だ。これらのドリルは見栄えの良いものではなく、またアスレチックなものでもない。全てが微妙な動きで、身体的には挑戦的ではない。訓練するのは内部エネルギーである。材料は大きく分けて4つだ。グラウンディング、リラクゼーション、拡張、意識。練習のほとんどに大げさな身振りはない。演武ではない。自分の内部に意識を注ぎ、エネルギーを掴む。そしてドリルを通してパワーを体験する。

謙虚さを持ってアプローチしてほしい。また、(著者の言っていることが) 疑わしくても罰せずという原則に則って訓練していただけると嬉しい。先入観を捨ててトライしていただきたい。「あ、全部知っている」「他の人が披露していた」「ニューエージ風の偽物だ」「習うものなど何もない」などと即判断を下さずに、数時間ほど本書に費やしていただきたい。数週間ほど純粋にドリルを実践していただきたい。少なくとも1つは、皆さんの納得のいくドリルに出会えるだろう。それは自身の体の芯を捉え、数年後にはそのドリルがこの本の値段の100倍もの値打ちがあったと感じるだろうと信じている。

本書で紹介する概念や練習法を厳密に科学的または物理的な角度から見るなら、あるいは身体のコンディショニング法として、さらにはストリートファイトで相手を倒すためのヒントとして捉えようとするなら、また、単に迷信や偽りではないかと猜疑心を持って読むとしたら、プログラムに挑戦する前に落第である。そして本書をひどく嫌う結果となるだろう。

そういった反応はおそらく自然なことであり、日常生活を送るうえで健康的なことであるかもしれない。しかし内部エネルギーに限っては、そういった不信感をしばし忘れてほしいのだ。真面目に練習を開始し、自分自身で内部エネルギーを感じるまでの期間でいい。何事においても最初の一歩を踏み出すのは難しいが、ほんの少し私の話を信用して一歩前に出ていただきたい。「この著者は世間が気づいていない何かを知っているのかもしれない」と考えるだけでも助けになる。カルト教団の教祖に対する信頼でなくていいのだ。「煙だ。だから火事に違いない」といった直感的なもので良い。

プロの太極拳の先生であっても、内部エネルギーを深く理解している人は少ないというのが、私の経験に基づく印象である。いい気分になる、周りの全てと一体となりチャージを得るということはあっても、本当の意味で内部エネルギーを深く理解し精密に特化させて臨んでいる先生はほんの一握りだと思う。誰かを中傷するつもりは毛頭ないが、彼らが内部エネルギーを深く理解できないのは、彼らの練習法がそれを妨げているからだと思う。彼らの方法には最初から力みが組み込まれている。それに演武要因や文化、経済、健康法などが加えられ、力みを克服するのが難しい。何か妙なものが私たちの中で私たちの周りで働いていることを、私たちは太極拳譜を通して知ってはいる。それに対して敬意も払うのだが、真剣に向き合いことなく、こっそりと避けてしまっている。せっかく400キロ近い体重のフィラがそばにいるにもかかわらず、アプローチし取り組もうとはしていないのだ。

簡単に明瞭に内部エネルギーを体験できる方法を紹介しようと思う。多少の妥協をして、私の方法をトライしてみてはどうだろうか。それが掴めたら、いつかどこかで自分の手で何かができるようになる。

第2章

内部エネルギーの流れ

子供の頃、「ロケットを組み立てて月に行く！」などと考えたことはなかっただろうか。すると大人が、「それは素晴らしいことだ。そのためにはまず数学と科学を勉強していい成績を取らないとね」と言う。その瞬間その夢はしぼんでしまう。

同じようなことがここでも言えるかもしれない。本書のトピックは両手をパックする、つまり押し固めて強固にすることだが、そのためには体全体にエネルギーを走らせ、エネルギーの経路を発達させる必要がある。冷めてしまっただろうか？　関数を勉強するよりは少しはマシだと思うのだが。

幸いなことに、内部エネルギーは鍼師や道教の錬金術師などが使う解説図に頼らず、簡単に具現化できる。エネルギーポイント1つ1つに焦点を当てるのではなく、ゾーンに焦点を当てる。難しい名前の経絡ではなく、流れについて説明しようと思う。あるエネルギーポイントが特定のドリルに関連する場合には、その場所を取り上げよう。

エネルギーの源は私たちの周りにある。太陽光、空気、水、食べ物、私たちが接する生きとし生けるものすべてである。これらの要因が合わさり、私たちの体を作っている。だが一度人間が形成されると、その内部に新しい何かが生まれるのだ。内部エネルギーの芽である。気づく人はほとんどいない。しかし、本書を通して取り組むことができる。面白いプロジェクトにもなる。

基本的なエネルギーの養成法や高め方については、太極拳譜に書かれている。

勁起于脚根変換在腿
含蓄在胸运动在両肩
主宰在腰
上于両膊相系
下于両腿相随
(内在するパワーは足から始まり、脚を通り、胸に蓄えられる。さらに肩へと移動する。流れの指令はウエストで行う。上半身は両腕に繋がり、下半身は両脚に続く。)

本書ではこれらの文章を1つ1つ切り離して説明し、最後に全てを組み立てて、クリアで役立つ1つの考え方として紹介しようと思う。それを元に、色々なドリルを発案することができるかと思う。

◎アーク（ＡＲＣ）
——蓄積（Accumulate）、跳ね返り（Rebound）、キャッチ（Catch）

アーク（ＡＲＣ）プロセスが、私なりに考える太極拳譜の概念である。

・蓄積（Accumulate）

上半身を完全にリラックスさせると、エネルギーが下降していき下腹部に溜まる。そこからさらに下降させて脚を伝わせると足の裏に行き着き、エネルギーはそこに溜まる。

・跳ね返り（Rebound）

内部エネルギーは足から再び湧き上がり、両脚を伝い下腹部へと戻る。さらに背中下部から背骨の中を上り脳に到達し、顔の表面を下り、最後に両腕に向かう。

・キャッチ（Catch）

両手に、そして体全体にエネルギーが満ちる。両手のスーパーチャージは、アーク（ＡＲＣ）の理解力と訓練次第だ。両手がスーパーチャージされたら、意識の力で手首、手のひら、指全てにエネルギーを流すことが可能となる。この手の進化は、日本の伝統武術の世界で「手の内」と呼ばれている。これが本書の究極のゴールである。

これがアーク（ＡＲＣ）のパーフェクトな展開である。アーク（ＡＲＣ）の展開を直接肌で感じ取り、無限にそのプロセスを強化できるようになる。

アーク（ＡＲＣ）プロセスの跳ね返りとキャッチのステージは、最初の蓄積の段階に大いに関係する。そこで瞬間的に内部エネルギーの火花が起こり、上半身、脳、自分の周りに広がり、最後に下腹部へと下りていき、そこでエネルギーが集中する。

蓄積のプロセスは、太極拳譜に次のようにある。

氣向下沈
由両肩收入脊骨
注于腰間
此氣之由上而下也

謂之合
（エネルギーが両肩から下降しだす。背骨を通りウエストへと流れる。この上から下への流れを「クロージング」と呼ぶ。）

これがアーク（ＡＲＣ）の完璧にして簡潔な描写だ。このような描写を読み、ただただ凄いと感心するのは簡単なことだが、太極拳譜の敬虔な概念の一節として単に受け取るだけではもったいない。昔の達人たちは、真実を具体的に触知できるように書いたのである。しかも自ら体験でき、的を絞った方法で実際に達成できる真実である。練習次第で、エネルギーの上から下への流れ「クロージング」を感じられるのだ。読んで頭で理解するだけではもったいないではないか。

太極拳譜の一節を実際の感覚として掴むためには、ここで使われているいくつかの言葉をもう少し丁寧に見ていく必要がある。最初の言葉はウエストだ。これを素直にそのまま受け入れられるなら問題はないが、自分の体を通して視覚的に捉えてみたい場合には、もう少し広く解釈するのもいいかもしれない。太極拳譜への冒涜にはならないはずだ。

太極拳譜には、他の部分と区別してはっきりとウエストと書かれているわけではない。実際には「腰間」とある。つまり鍼療法の経絡のように、厳密に1つのラインを指しているのではないのだ。そこでウエストより広い意味合いを持たせて「ウエストの辺り」と言ってもいいかもしれない。私は個人的に「ウエストの辺り」をさらに広げて、ウエスト、ヒップ、下腹部、脚で作られる三角地帯だと解釈する。私は、この部分が1つのまとまった機能的ユニットだと考える。そしてウエストは、エネルギーの構成部分にあたるウエストより下の下半身と同じく、胴体上半分との接点として重要である。

ウエストの広い解釈は、太極拳譜の他の部分でも支持されている。前述の上から下へのエネルギーの流れの説明では、エネルギーが流れ着く一番下のポイントとしてウエストが言及されている。だが、一番下のポイントといったら足ではないのかと疑問を抱くだろう。太極拳譜の他の部分でも「勁起于脚根」つまり、パワーは足から始まるとある。そうであるなら、パワーは最初に足になければならない。ウエストを足も含めた下半身全体として考えれば納得がいく。そしてこれが「クロージング」ステージ（蓄積）の全てである。「クロージング」を定義するうえで、太極拳譜の先生方はウエストという言葉で下半身全てを表したのだ。単なる言葉遊びではなく、私たちの理解を深め、練習をしやすくするために、ここで説明に時間を費やした。

ウエストと下腹部は非常に大切である。この部分で何かが起こるのが感じられるのだ。それは、エネルギーがウエストより下の下半身に集中する「クロージング」ステージ（蓄積）と、エネルギーが足から流れ出しエネルギーの司令塔であるウエストにたどり着き、もう1つのエネルギーの構成要素である上半身へと流れていく「オープニング」ステージ（跳ね返り）の両局面で起こる。

さてアーク（ARC）の残りのステージ、跳ね返りとキャッチについて見てみよう。エネルギーが足から流れ出す「オープニング」ステージは、次のように定義される。

由腰形于脊骨
布于两膊
施于手指
此氣之由下而上也
謂之开
（「気」が結集してウエストから背骨へと流れ出し、両腕を伝い指まで浸透する。このエネルギーの下から上への流れを「オープニング」と呼ぶ。）

これが、アーク（ARC）プロセスの後半に起こる現象の太極拳譜の定義である。ここでもウエストという言葉が使われているが、それは足からウエストまでの下半身全体を指していることは説明済みだ。

つまり太極拳譜にあるエネルギーの上方展開を理解するうえでも、ウエストを足からウエストラインまでの下半身全体と解釈すると、より正確になるだろう。オープニングではクロージングよりもウエストが強調されている。なぜなら、跳ね返りのプロセスをオンにすると、ウエストでの感覚が非常に強くなるからだ。パワーの発射台として、最もアクティブになる。跳ね返りを理解できると、ウエストから足までの経路が強烈な火花で満たされ、パンパンと弾けるのが感じられるだろう。そして、意識次第で瞬時に両手へ飛ばすことが可能となる。

先の上方向へのエネルギーの流れの描写でも、背骨という言葉が使われている。これも先ほどのウエストと同様に、広い解釈と理解が必要だ。トレーニング当初、エネルギーが背骨の内部中央を流れるのを感じたと思う。相対的に見て、制限された部分での体験だ。だがトレーニングを重ねるにつれ、洪水が広い範囲を覆っていくように、エネルギーの流れは狭い場所から広い場所へと進み、胴体全体がウエストから上方向に流れる内部エネルギーで満ちる感覚を持つようになる。ここでいう背骨とは、上半身のコア部分、つまり胴体全体と解釈すべきである。下半身からこの部分へエネルギーが流れ、両腕を伝う時に最高潮となるのだ。エネルギーの流れは、最終的には頭から顔を伝い、首へと向かう。上から下へ滝のように流れ落ちる。

これまでの内容をまとめてみよう。

蓄積とは、上半身に散らばっているエネルギーが集中し、下方向へと流れ出し、下半身へと浸透していく過程である。その際、ウエストが上半身と下半身の連結部分となる。

跳ね返りとは、ウエストから足までの下半身部分に蓄積されたエネルギーが急騰して上昇し、胴体と頭を満たす行程である。これを意識の力で起こす。上半身に集中していくこのエネルギーは、蓄積行程によってすでに鍛錬されており、蓄積行程の最初、上半身に散らばっていた粗野なエネルギーのかけらではない。丹念に練られたエネルギーは、体の前面中央の胸の辺り（膻中——ポイントのリスト参照）で融合する。

キャッチとは、膻中から発生する集中したエネルギーが両腕へと流れ出し、両手、指全体にたどり着き、操作可能であることが実感できる行程である。

実際の格闘場面では、エネルギーの「オープニング」ステージは平手打ちや肘鉄などリラックスした身体から繰り出される技と融合させて、エネルギー効果を最大限に出すように導く。エネルギーの展開は技に関係なく、常に同じである。太極拳には元々、十三の打法があると言われている。これらは通常考える打ではなく、内部エネルギーを発生させ使うための身体的動きに過ぎない。太極拳が他の武術と違う点は、前述のエネルギー発生のプロセスが常にパワーの源であることだ。技をかけるための身体的なメカニズムや動きがパワー源ではない。

◎ポイント、経路、モデル、方法

本書では、手に焦点を当てている。それは、手や腕に独自のパワーがあり他の部位に比べて重要だからというわけではない。エネルギー経路の最終地点だからだ。パワーが手へと到達した時点で、エネルギーが足から起こり体全体をくまなく覆ったことが確信できる。アーク（ＡＲＣ）

が充分に正常に機能し、途中で妨害されることなく完結した証拠である。

エネルギーの経路には、重要なポイントがいくつかある。これから紹介するドリルで大切になるポイントを紹介しよう。

・**泥丸**《にわん》
脳の奥中央にあるポイント。宇宙全体に存在するエネルギーの取り込み口。エネルギーの源。心と身体における全エネルギーの創始者かつ管理者。

・**丹田**《たんでん》
下腹部分のポイント。エネルギーの分水地点。蓄積場。変換点。

・**靈台**《れいだい》
背骨の上層部分。分散地点。

・**大陵**《だいりょう》
手首の内側のポイント。手のエネルギーをオンにする場所。

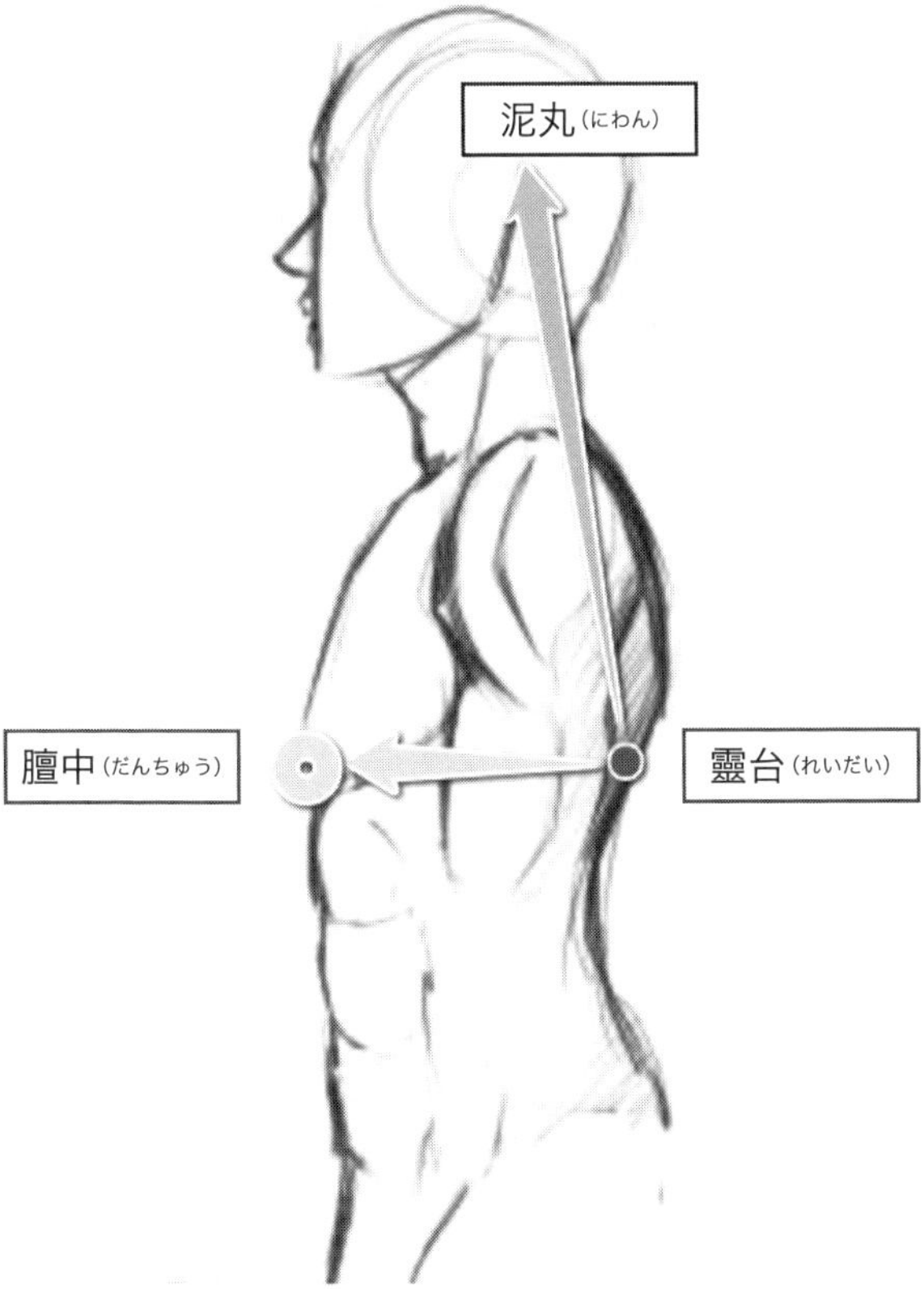

主要なエネルギーポイント、泥丸、靈台、膻中の位置。

・膻中《だんちゅう》
胸の中心。上半身におけるエネルギー展開のための核。

後に、これらのポイントについて詳しく説明しよう

本書で紹介するドリルは、大きく3つにグループ分けできる。アーク（ARC）プロセスの3つのステージに概ね呼応するが、実際の練習においては、全てのドリルに体の全てのパーツでエネルギーを養成し強化していく効果がある。私は多岐にわたる修行を集中的に長年にわたって重ねてきた。ここで紹介するドリルは、そこから抜粋された優れものである。その中には大げさにリラックスを引き出す動きもあれば、目に見えないほど小さな動きや、静かに直立姿勢を取るような静止状態に基づいたドリルもある。

内丹術として知られる完全に静止状態で座ったまま行う瞑想は含まれない。内丹術は、体内の生理的分泌物やホルモンの働きを洗練させ、精神的な物質に変えることによって延命を試みる方法である。あらゆる内臓が戦略的な場所で連結するのを想像したり、身体と脳で複雑な活動を指揮したりする。この種の修行は健康を促進し、後には霊能力や心理的な鋭敏さを発達させるのに

役立つだろう。

内丹術は素晴らしい修行であり、中国をはじめ東アジアにはいくつもの種類が存在する。このテーマを追求することにもちろん反論はない。私自身、内丹術の師匠の下で5年ほど修行を積んだ。毎朝4時に起き、2時間の瞑想をするという厳しいものだった。

しかし本書では、内丹術の説明は省く。内丹術の修行を通して類い稀なる心や精神の高揚を達成できたとしても、私にとっては、目を見開いて心をクリアにし周囲の景色に柔軟に体を溶け込ませて、内部エネルギーに取り組む方が遥かに面白い。ただ内丹術に興味がある場合は、この25年の間に素晴らしい本がたくさん出版されているので、その中の1冊を取って勉強するのも良いだろう。また、良い師匠について修行を行うのも決して悪くはない。しかし本書の目的は、内部エネルギーを培う方法を紹介することである。通常のマインドセットで臨むものではないかもしれないが、内丹術に比べれば多少は日常生活に近いマインド、ボディ、精神状態を保っての修行だ。

ここで紹介するドリルは、太極拳と形意拳から材料を得ている。だがこれらの武術は、直接格闘に使うための手法ではないということを強調したい。昨今では格闘のための技術が数限りなくある。内部エネルギーや、その他独立した内功のテクニックの数の比ではない。さらに暴徒、武器、認識のコントロール（仮に勝ったとしても脅威や扇動者として認識されたり、現場で市民や警官に撃たれたりする）、法的枠組み、医療健康面などの要素を考えると、攻撃より自己防衛を総合的に習う方がベターである。それも法的、医療、戦術の専門家から習うのが良い。私はこれらについて語る資格はない。

しかし、これらの武術が目指し練り上げた闘争心や武術の意図という点では役に立つだろう。例えば、日常生活の緊急事態などを格闘だと考えて対処するなら、今の平和な世の中でも、形意拳のトレーニングを綴った古典の書物に書かれている精神は通用するだろう。古の達人たちが強調した伝統的な格闘のあり方は、現代社会での自己防衛には直接応用できないかもしれないが、少なくとも勇気づけられることは確かだ。

格闘の達人、劉殿琛は1920年代に自身が著した書物でエネルギーの行程について説いているが、私はそれを形意拳の枠組みで説明する。彼の興味は主に伝統的な一騎打ちであり、私が避けようとしているテーマだが、そのエネルギー描写は本書のトレーニングの枠組みとして完璧に使える。さらに彼のエネルギーの見方を勉強すると、本書で紹介するドリルと座って行う内丹術の精神修行との違いが理解できる。一見微妙だが、重要な違いなのだ。

劉殿琛は、内部パワーについて次のように書いている。

一在於聚一在於運
（半分が集まり、半分が展開する。）

これは、先に説明した内部エネルギー養成のアーク（ARC）プロセスにある2つの局面、「クロージング」と「オープニング」を意味する。彼は、展開をさらに詳しく説明している。

必於臨敵挫陣之際
常若有一團氣力
堅凝於腹臍之間
倏然自腰而背
而項直貫於頂

（敵の護りを打開するには、常に下腹部に集中している丸い塊の内部エネルギーを使うことだ。そのパワーはウエストから発せられ、背中、首を経て、頭までまっすぐ上昇する。）

明らかにアーク（ARC）プロセスのエネルギーの展開（跳ね返りとキャッチ）を説明している。私の説明よりも格闘の色が濃いが、内丹術での心の持ち方と本書で紹介する動的なドリルのそれとの違いがわかるかと思う。

劉殿琛はまた、胴体を詰めて強固にする（パッキング）プロセスを次のように書いている。

行之既久而後氣始可全會於丹田
然聚之而不善運亦未能發為絶技
必將會於丹田之氣力由背骨往上
迴住於胸間充於腹盈於臟凝於兩肋冲於腦頂
（長い歳月の訓練の後、エネルギーは丹田に蓄積する。しかしパワーを蓄積したとしても、パワーの展開（跳ね返りとキャッチ）がうまくできなければ、それを俊敏に具現化することはできない。丹田に集まったエネルギーを背中の下部分から上昇させるのだ。胸を満たし、腹や内臓をパンパンに固め、肋骨に染み込ませ、さらに脳を満タンにする。)

彼がアーク(ARC)プロセスを説明しているのは明らかであろう。私は個人的に格闘の面を強調しないと言ったが、形意拳の達人のマインドセットは内丹術の瞑想とは違い、より動的な要素を維持する必要性があるとわかるのだ。

練技藝非如求仙者之靜坐練丹也
古之精於藝者以一人而敵無數之人
其丹田之氣力不知如何充足究其所以然之
故無一不自勤習技藝以練丹田始
(この武術の訓練は、道教の隠遁者や聖者が静かに座ったまま不朽を追求する修行法とは異なる。古の内功家は多勢の攻撃を単独で打ち負かした。内功のパワーがどれほどであったか知る由もないが、相当なものだったことには違いない。生まれた時から内部パワーの訓練に励んでいたのであるから、それも可能だった。)

純粋に格闘を追求している人にとっても、ここに習得する何かがあるはずだ。敵に対して効果的に動くには、無駄な緊張を捨て去る必要がある。簡単に言うなら「リラックス」だ。これが本書の目的の基礎である。太極拳の達人、楊班侯は次のように述べている。

先求自己知覺運動
淂之於身自能知人
要先求知人
恐失於自己
（自分自身の動きの中に存在するエネルギーを察知せねばならない。そうすると、自然に敵の緊張や動きがわかるようになる。自分自身のエネルギーを理解せずに相手のパワーに取り組もうとしても、両方とも理解することはできない。）

本書の練習法は、楊師の次の言葉に沿っている。

自己懂勁接及神明為之文成而后採戰
（エネルギーが理解できると圧倒される。まず、自分の体のエネルギーを完璧に理解し、その後でそれを武術に応用する。）

本書のドリルでは、呼吸法や呼吸の持つパワーについては、重要視しない。呼吸は生命の源であり身体的活動の中心にある重要なものではあるが、私は今や呼吸を超えた高みの域を探求する時期にきていると思っている。それは呼吸を超越した呼吸に頼らないエネルギーである。

私の本は特定のスタイルに焦点を当てたものが多いが、本書では足から手の指へエネルギーを展開することに焦点を当てている。その目的達成のために、変化に富んだ方法を紹介したい。他の著書で触れた方法をさらに深く念入りに踏み込み、他の方法と合わせたり拡張させたりする一方、初めて公開する練習法もある。これらはすべて太極拳、形意拳、八卦掌、意拳、居合道、螳螂拳などの訓練に基づいており、ヨガや他の鍛練法の影響も受けている。

私自身の回顧録を書いているのではないので、完全なるシステムの説明や、私の先生方や経験などについての詳細は省いている。しかしドリルのほとんどは特定のアプローチを取る太極拳が基になっており、ドリルでＺＭＱ37とラベル付けがされている場合は、それが１９３０年代後半に鄭曼青先生によって作られ、その一番弟子である羅邦楨先生によって精密度を増し、より洗練された内部エネルギー養成のツールキット、鄭子《ていし》太極拳であることを断っておきたい。

一見どこかで見たようなドリルであっても、あるいはすでに私の著書や他の先生から習ったものだという印象を持ったとしても、全てのドリルはそこから一捻り加えられており、１００パーセント本書の目的に沿ったものだ。足から手の指先へパワーを走らせ、手をスーパーチャージする。それがゴールである。

第3章

アーク（ARC）①
――蓄積（Accumulate）

◎ドロップショルダー・プロトコル（肩落とし）――かかと蹴り

蓄積はただの概念ではない。太極拳の套路を単にやれば良いという姿勢で精も出さずに練習しても、蓄積は起こらない。練習時間は限られているが、幸いなことに蓄積を効果的に練習する方法がある。それはＺＭＱ37の套路にある。ベストなポーズは、かかと蹴り（蹬脚）だ。

穏やかな直立姿勢のポーズ、站樁《たんとう》（内部エネルギーを培うための立禅）でこのキックを練習すると、蓄積の行程を最大限に肌で感じられる。これは私が片脚操作（Single Leg Operation ― ＳＬＯ）と呼ぶ最初の練習だ。闇雲にただ立っているだけではない。このポーズを基本としてドロップショルダー・プロトコル（肩を落とす）を適用する。

ドロップショルダー・プロトコルを開始するには、まず立ってかかと蹴りを行う（写真参照）。このポーズで心理的かつ身体的に難しい点は、バランスである。バランスを取りにくい場合には、壁や椅子などを支えとして使って練習することを勧める。もう1つの問題は、柔軟性である。足をウエストの位置まで上げることを要するが、忍耐力を持って練習すればできるようになる。

ZMQ37の、かかと蹴りのポーズ

また、スタミナの問題もある。このキックの形を5秒以上保つのは、骨の折れる仕事だ。だが練習し続けることで、これも克服可能である。

私の太極拳の先生のクラスではこのポーズをよく練習したが、高度な技術を要求された。キックする足を地面と水平に伸ばし、支えの脚を地面近くまで落として完全なるリラクゼーションを保ったまま、ほんの少しの動きも許されなかった。美人手などの太極拳の原則全てを満たし、かつ5分以上この姿勢を取ることは至難の技である。しかし、站樁など通常の気功のポーズを1時間取るよりも効果的なのだ。
伸ばした脚は、ウエストの位置で地面と平行に保つ。キックというよりは、足裏で何かを押し出す形だ。押し出したら残りの脚の部分（膝からから足）はリラックスさせ、足裏を平らに保つ。平らに保つ足裏でさえも注意を払って最大限にソフトにする。

脚の動きと合わせて両腕を広げ、腕から指先にかけて意識を注ぎ、手首と指を柔らかく保つ。胸は押し出す脚から遠ざけて開き、エネルギーがみぞおちから腕へと流れるのを意識する。美人手、まっすぐな体を忘れない。かかと蹴りの姿勢が取れたら、30秒ほど動かずにそのままの姿勢を保とう。これは私のYouTubeチャンネルでも公開した。30秒から徐々に時間を伸ばしていけると、さらに良い。

蓄積を達成するためには、完璧なポーズを作るだけではまだ不十分である。内部にも注意を払わねばならない。それがドロップショルダー・プロトコルである。シンプルだがパワフルだ。もう一度、蓄積ステージの定義を太極拳譜から復習しよう。

エネルギーは両肩から沈んでいき、胴体に溶け込み、下半身へと流れていく。

エネルギーが両肩から下方向へ流れていく、とある。これを実感するには、1つ1つ動きを意識してコントロールする必要がある。かかと蹴りのポーズを取りながら、両肩を大げさなまでに落としてみる。シンプルな動作だが、効果抜群である。他のポーズに比べ、このかかと蹴りは四肢の配置やその使い方、バランスの取り方から、肩を落とすとその生産性が抜群に高くなる。

両肩を落とすというのは、救いの神的な動作だ。蓄積のプロセスをアクティブにするために、少しだけ適用する動きである。メカニカルな条件の1つとして捉えるものではない。意識して両肩を落とすのだが、あまり大げさにイメージして行わないようにすることが大切だ。

両肩に小さなブロックがのっていると意識するといい。肩に小さな圧力を感じる程度でいい。そして、100グラムほどの力を使って、両肩を沈めてみよう。沈める際にも、美人手とまっすぐな上半身を心がける。39ページのかかと蹴りの写真で示す通り、手首と指はまっすぐに伸びているがリラックスしている。実際、体全体がエネルギーで明るくなる。

ここでは、エネルギーが瞬時にウエスト辺りへ流れていく現象に焦点を当てたい。その現象こ

かかと蹴りとドロップショルダー・プロトコル。内部エネルギーの蓄積をウエスト辺り、丹田、下腹で感じる。

そが、蓄積が起こっていることの証なのだ。かかと蹴りとドロップショルダー・プロトコルは単純で、身体的にもやりがいのある訓練には見えないかもしれない。だが道教の教えに照らして考えれば、大切なのは見かけの複雑さではない。見てくれはどうであれ、コツコツと練習に励むことこそが大切なのだ。いつか自分でも驚く時がくる。

片方の脚でかかと蹴りのポーズを30秒ほど練習したら、脚を替えてさらに30秒練習しよう。呼吸は自然にゆっくりとする。その後まっすぐに立ち、腕をリラックスさせて、美人手を体の側面に落とし、数分ほど静かに立禅をする。内部エネルギーが大きな塊となって流れ出し、上昇するのが感じられる。

この動きが掴めると、何度か試すうちに体内で起こっている現象がわかってくる。そうしたら次は、ZMQ37の基本ポーズどれか1つを取り、ドロップショルダー・プロトコルを適用する。ポーズの後で、直立姿勢も忘れずに行う（次の8つの図を参照）。

呼吸に連動して振動する内部エネルギーを、私は硬い波と呼ぶ。これは、1回の呼気あるいは吸気に対して3回から4回の硬い波の振動だ。ここでいう振動とは、内部エネルギーのドクドク

直立姿勢

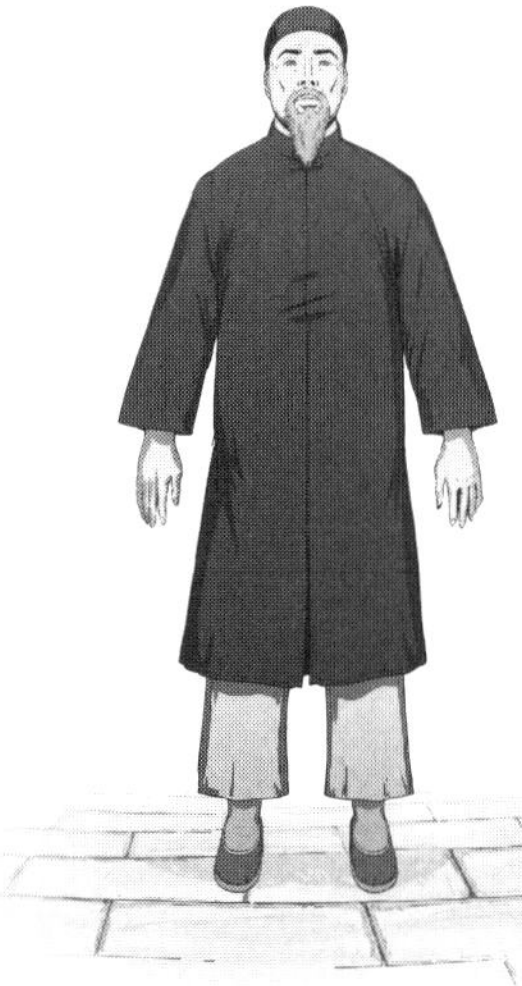

金雞獨立（きんけいどくりつ）

分腳（ぶんきゃく）

提手（ていしゅ）

掤（ほう／ポン）

倒攆猴（とうでんこう）

玉女穿梭（ぎょくじょせんさ）

単鞭（たんべん）

と波打つ感覚である。心臓からの血液の流れではない。
気功セミナーなどで簡単に体験できる内部エネルギーの症状が出た後で、この硬い波が現れる。呼吸に連動する硬い波は下腹部の辺りで強く感じられるが、全身をも揺るがし、脚などの局部にも広がる。

この感覚が起こると面白い。それ自体有益なわけではないのだが、その先に起こるさらに面白い現象、ソフトな波体験への入り口に立ったことになる。ソフトな波は次元の高い振動で、内部エネルギーをより実感できる、これこそが真の目的である。このソフトな「波」は足から手の指先まで全身を覆う振動として顕著に感じられるが、色々な状態に変化する。大きなうねり、川の流れ、あるいは洪水のように、辺り一面を覆い尽くす状態として感じられるだろう。

かかと蹴りとドロップショルダー・プロトコルは、硬い波を下腹部に集中させることで、それを圧縮し強固にする。硬い波を実感したことがあるなら、かかと蹴りとドロップショルダー・プロトコルがさらにその強度を高めることがわかるはずだ。硬い波を体験していないとしても、かかと蹴りとドロップショルダー・プロトコルを練習することで、すぐにエントリーレベルに立つことができる。

かかと蹴りとドロップショルダー・プロトコルは、ウエストの辺りに巨大なエネルギーのうねりをもたらす。上半身に散らばっているエネルギーが、ウエストに下りて集中するのである。これは体のエネルギーの基本経路、中国医学の帯脈に呼応している。この辺りを起点にエネルギーは下腹部へと流れ、脚を下降していく。

ドロップショルダー・プロトコルをコントロールできると、蓄積をいつでも起こせるようになる。ZMQ37の套路のどのポーズにもドロップショルダー・プロトコルは適用できるので、ぜひ試してほしい。

◎エレクトリック・レッグ — 三体式①

ここでは、蓄積のプロセスをさらに深めよう。かかと蹴りとドロップショルダー・プロトコルでは、エネルギーを下腹部に集めた。アーク（ARC）プロセスの跳ね返りとキャッチに取り組む前に、最後のドロップ、つまりエネルギーを丹田から足へ落としてみたいと思うだろう。集められたエネルギーを脚を通して地面へと、そして足先へと流すのだ。
まず通常の三体式で始める。この形意拳の基本のスタンスや練習方法の詳細については、私の別の著書『形意拳に学ぶ 最速！ 内部エネルギー発生法』あるいは他の専門資料を参照いただきたい。

後足を45度に、前足は少し内側に向ける。体重の7割を後足に、3割を前足にかける。前脚はロックせずに伸ばす。ウエストをほんの少しだけ斜めにして構える。背骨はまっすぐ伸ばしながら、やや前傾姿勢を取る。

前脚と同じ側の腕は湾曲させるイメージで、肘を少し曲げ気味にして伸ばす。前に出した手の指は虎の口を作って広げる。もう片方の腕は内側にシャープに曲げ、同じく指を虎の口の形にし、丹田付近に保つ。動きを始める前にそのポーズを保ったまま、後脚に力を込める。すぐジャンプできるような姿勢だ。次に動きを開始。まず大きな風船が両腕の下から舞い上がってくるイメージを持とう。その風船が上がらないように、前腕外側の部分で下へ押しつける。強い圧力をかけずに行う。これで蓄積が起こる。丹田へとエネルギーが集中する。

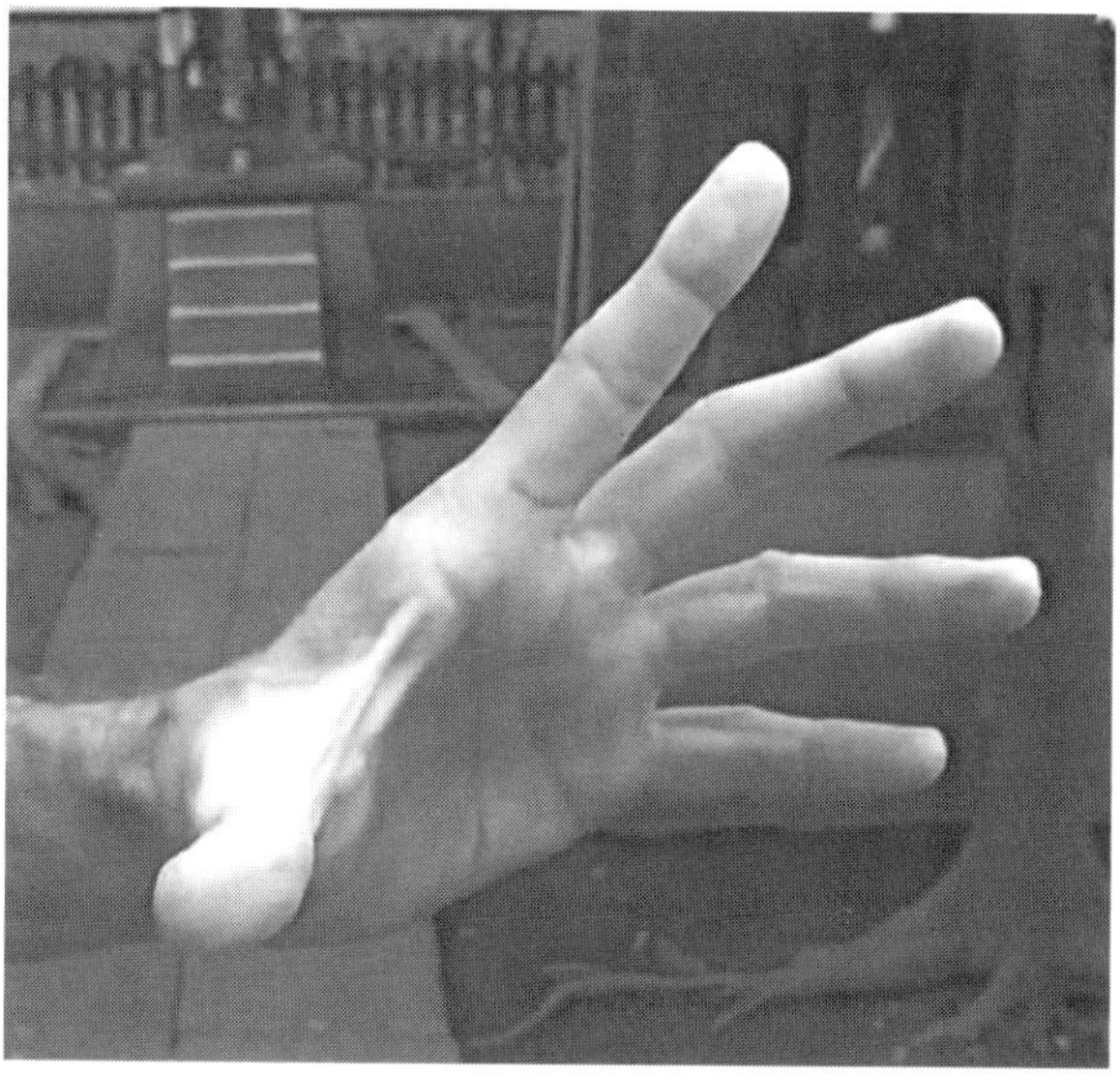

形意拳の基本スタンス「三体式」

このポーズを深め、形意拳の論理をさらに追求すると、色々な事象の発見につながる。時間をかけてリサーチするほど、色々なことがわかって面白いのだが、はじめから多くの事柄に取り組むと体が緊張してしまう。心と体の緊張は、エネルギーの感覚を抹消してしまう。ポーズの取り方や心構えは、全員が同じようにはならない。また結果が得られたとしても、満足度は人によって違うだろう。ただ練習の本質を考えリラックスして臨むと、誰でもかなり大きなエネルギーを感じられるのは確かだ。

三体式は静的構えとしてよりも、技の1つとして練習する方が良い。五行拳や十二形拳同様に、実際にはアクティブなのだ。アクティブとはいえ、最初は身体的なものではなく、内部現象として起こる。

身体内部が活性化するプロセスはシンプルで、起こった瞬間に肌で感じられる。ここで説明する三体式の構え方や手順の基本が理解できたら、トレーニングをすぐに開始できるだろう。

構えている間、パワーを起こし走らせることが可能だとわかるようになる。三体式は、正しく立ち集中力を途切れさせなければ、エネルギーが自然と自らのスイッチをオンにして流れ出るように作られている。ここで鍵となるのは、両手だ。

次ページの写真のように、基本の形で立つ。内部エネルギーのスイッチを入れる。両手をリラックスさせ前に伸ばすと同時に、手首を少し曲げて両手を上げ気味にする。そうするだけで、両足に内部エネルギーが起こる。

やり過ぎは禁物だ。結果はワイルドだが、プロセスはマイルドである。新しいことに挑戦する時、大げさに取り組みがちだが、そうすると緊張が生じて、結果が薄れてしまう。両手の動きは、他者が見てわからない程度の微妙さが良い。ただ自身の感覚として手首は曲がり、手の指、甲は上に伸びているのだ。

三体式で構えていると、上に向いている両手に端を発し、足元に巨大なエネルギーが起こり、よどみない流れとなって体全体を巡り出す。確かな現象である。無理強いせず、ごまかさずに取り組もう。根気よく貫き通すと、確実に結果が出る。

① 三体式の構えを取る。
② 手首を曲げ、
両手を若干上げる。
③ 内部エネルギーが足から上昇し、
全身を満たす。

車のエンジンがかかっているように、内部が活性状態の三体式。柔らかく両手を上げ、手首を曲げると同時に指をわずかに上へ伸ばす。内部エネルギーが足裏で起こり、全身を巡って両手を満たす。

エネルギーの流れが実感できると、三体式が内部エネルギーを発動させ全身に配信するために精密に設計されたポーズであることが理解できるだろう。構えている間は両手首を曲げ、手指全体が上に伸びている感覚を持ち続けることが重要だ。多くの形意拳の本に書かれてある身体構造上の法則やマインドの持ち方は、緊張を増長させるものが多く、そのほとんどが不要である。エネルギーとだけ向き合い、自分の手、体で実感しながら訓練するのがベストである。

最初にエネルギーが起こる時、足から波が立ち、体全体を覆って、両手へと押し寄せる感覚を持つ。1つの波が引くと、次の波が起こる。その繰り返しだ。練習を積んでいくと、その感覚は個別の波から一筋の一定の流れへと変化する。さらに練習を重ねると、手をアクティブにするたびにエネルギーが放射線のように体全体を覆うようになるのだ。

活性三体式の手順は次の通り。

①三体式の構えを取る。

②手首を曲げて両手が上に伸びている感覚を持ち、エネルギーのスイッチをオンにする。

③足元から体を伝い、両手へと一筋に流れるエネルギーの感覚を楽しむ。

三体式で始めたが、これをよりアクティブにしよう。私の著書『形意拳に学ぶ 最速！ 内部エネルギー発生法』で紹介した方法の簡易版である。

形意拳には、劈拳《へきけん》と呼ばれる動的な打法がある。これは静的三体式と同じ姿勢で終わる。私の先生は内部エネルギーをより多く培うための方法として、この打法の後で取る特別な動きを教えてくれた。それは滲勁《しんけい》といい、劈拳を繰り返すたびに感じるエネルギーの強度を高める手法である。

劈拳は三体式と同じポーズで終わるので、劈拳の後に取る滲勁の手法をそのまま静的三体式に結びつけて、三体式をより動的にもできる。複雑に聞こえるかもしれないが、行うのは至って簡単だ。立っている時に、前足を若干上げるだけで良い。

地面から2、3センチメートルほど上げるだけだ。それ以外の部位は三体式のままである。足を上げる動作が加わると、注意が手から足へ多少すり抜けてしまうので、そうならないように気をつけよう。

ここでキーとなるのは、上げた前脚だ。前脚全体を最大限にリラックスさせる。太腿、股、骨盤までもリラックスできるとベストだが、少なくとも膝、ふくらはぎ、足首、足の指がリラックスできると良い。常に、前脚の膝から下の部分が緊張しないように注意を払おう。

脚の下方に運動神経がなければ、緊張が生まれることはない。それが目指す状態である。ここで必要なのは感覚神経だけである。もちろんポーズを保つためには多少の力が必要だが、それを最小限に落とすことが大事である。この練習を続けるうちに、脚の緊張がどれほど無意味なことかがわかるだろう。

最初に、前脚をまっすぐに伸ばす。次に、伸ばした足の指先も含め、脚全体で前をちょっとだけ突くようにする。その時も、足と足首は羽のようにソフトに保つ。脚が脱力状態ながらも意識が働いていると、巨大なエネルギーが脚の外側から足下へ電流のように流れ出す。明勁である。こうして両足にパワーが蓄積され、跳ね返りへとつながるのだ。内部エネルギーは、また脚へと集中していく。

足を上げたら、1、2分ほどそのままの状態を保とう。疲れたりバランスを失いかけたりしたら、前足を地につけて休息を取り、また続ける。

練習を続けるうちに、リラックスすることの必然性が理解できる。一筋の強烈なエネルギーが感じられ、内部パワーが前腕の外側、肘から手のひら、指にかけて走るのを実感する。本書では肘、前腕、手首、手、指の全部をひとまとめにして、セスタス部分という言葉で表している。古代ローマ時代の防具、セスタスが覆う部分であり、内部エネルギーのスイッチの切り替えや強化には重要なターゲットゾーンである（92ページ写真参照）。

また、伸ばした脚の外側下方にも、電気のような強烈なパワーが起こる。特に膝下から足で感じられる。セスタス部分に対して、この部分を脛当て部分としよう。弁慶の泣きどころを保護する武具、脛当てが覆う部分である。

スタミナがつくと、さらに練習を深められる。ただ、ボルテージを上げ過ぎると単なる筋力トレーニングとなってしまうので、注意しておきたい。

次は、足を地面から2、3センチ上げたところで、小さな円か半円を描くように回す。時計回り、反時計回りと交互に数回、回してみよう。

足を回しながらも三体式のポーズを保ち、両手への意識を怠らない。目線は、前に出した手の方に向ける。巨大な波とその反響が前脚へ流れ出し、体全体を覆うのが実感できる。

さらにこのドリルを深めよう。まず、左脚を自然に伸ばして時計の11時の方向に向け、足を浮かし回し始める。左足の小指から腰にかけての体の側面のラインに注意を払いながら回す。次に、左足を12時の方向に移動して、親指、膝頭、太腿から太腿の付け根の中央ラインを意識しながら回す。最後は、左足を1時の方向に向け、足の内側から内股にかけての内側ラインを意識して回す。これを繰り返して行う。一連の動きの間、三体式で休んでもいい。左足が終わったら右足で同様に行うが、開始位置は1時の方向、終了位置は11時の方向に向ける。1時の方向では右足の外側の縁から腰への外側のライン、12時では右足の親指から太腿にかけての中央のライン、そして11時では右足の内側から内股にかけての内側のラインを意識して回そう。

意拳の摩擦歩を思わせるだろうが、違いは滲勁だ。摩擦歩では大きく円を描くのに対して、このドリルでは小さな円を描く。それ以上に大事なのは、リラックスしていることと、結果として

三体式の構えで立つ。左脚（前脚）を地面からわずかに上げ、角度をつけて伸ばす。①左足の小指から腰にかけての体の側面を、時計の11時の方向に向ける。②親指を12時の方向に向ける。③足の内側の縁を1時の方向に向ける。右足に替えて同様に行うが、開始の位置は1時、12時、11時の順番にする。

①
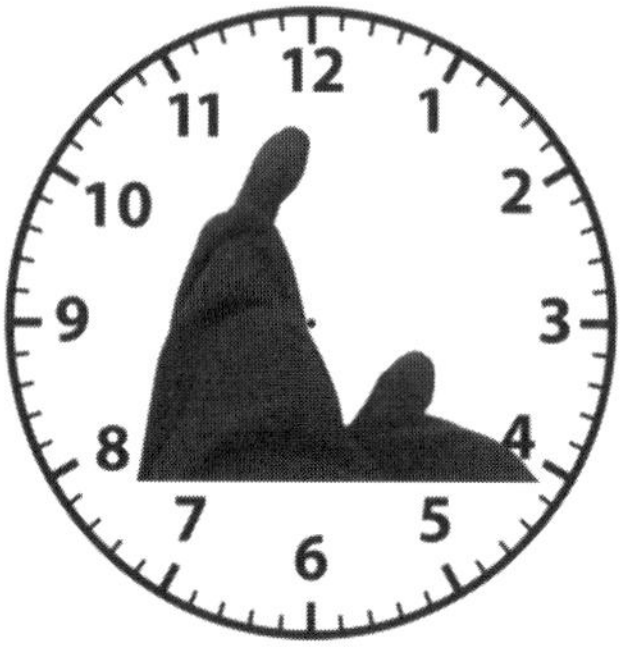

②

③

起こるエネルギーだ。内部エネルギーは、意拳の正式トレーニングとして認知されていない。故に摩擦歩がこのドリルと同じであるはずがない。だが、意拳が形意拳から派生した武術だということを考えると、形意拳の実践者が古に滲勁を習いそれをエネルギーの訓練から切り離して具体化し、意拳に取り込んだのかもしれない。

このドリルに似た練習方法は、システマにもある。それは、足を使って床に文字や数字を「描く」という練習だ。しかし、私の焦点は三体式を効果的に使うことだ。三体式のポーズに足を上げるという若干の変化を加えただけで、リラックスして伸ばした脚に内部エネルギーを起こす。そしてポーズを取っている間、脚に起こったエネルギーは手のひらにも反響していく。ここからも、このドリルがシステマの文字書きのドリルとは基本的な考え方、さらに結果が違うとわかる。

◎静止の空手チョップ ― 三体式②

一般的に、形意拳の練習にはスペースが必要である。部屋中をあちこち歩き回らなければならない。私が10代の頃、台湾で形意拳を習った時は、先生の村にあった古い寺の庭を練習場として使った。私は2時間ほどかけて練習場に通ったのだが、私が滞在していた宿は狭く、寺の庭で習ったことができなかった。狭い所ではどのように形意拳を練習すれば良いのかと先生に尋ねてみた。

後足に重心を置く形意拳の古典的なポーズ三体式は、その場に立ったままできる。それを何度も繰り返して練習すればいいと先生は教えてくれた。また、その上級編も教えてくれた。それは、私の丹田と胴体の下の方に大きなエネルギーを起こした。

上級編とは、静止状態の三体式を動的な三体式へ変形したドリルだ。三体式が基本である。三体式は、どんな形意拳の本でも扱う基本の姿勢である。東を向いて三体式を取ったとしよう。次に、そのままの状態で西を向く。自然にスムーズに回転する。回転のたびに、形意拳のポピュラーな打法、劈拳や鑽拳《さんけん》に似た打法を実行する。こうすることで、静止状態の三体式が動的なエネルギーを生み出すタービンへと変化するのだ。

三体式で開始する時、前に出す方の手は下ろしておく。両手を緩めの拳にして、丹田の辺りに内側に向けて下ろし、そこで交差させる。と同時に、両足のかかとでその場で回転して体の向きを変える。両脚の位置が、回転前とは反対になる。腹部付近に沈めてあった両腕を、アッパーカットパンチを放つように大きく上げる。形意拳の打法の1つ、鑽拳を実行するような形になる。

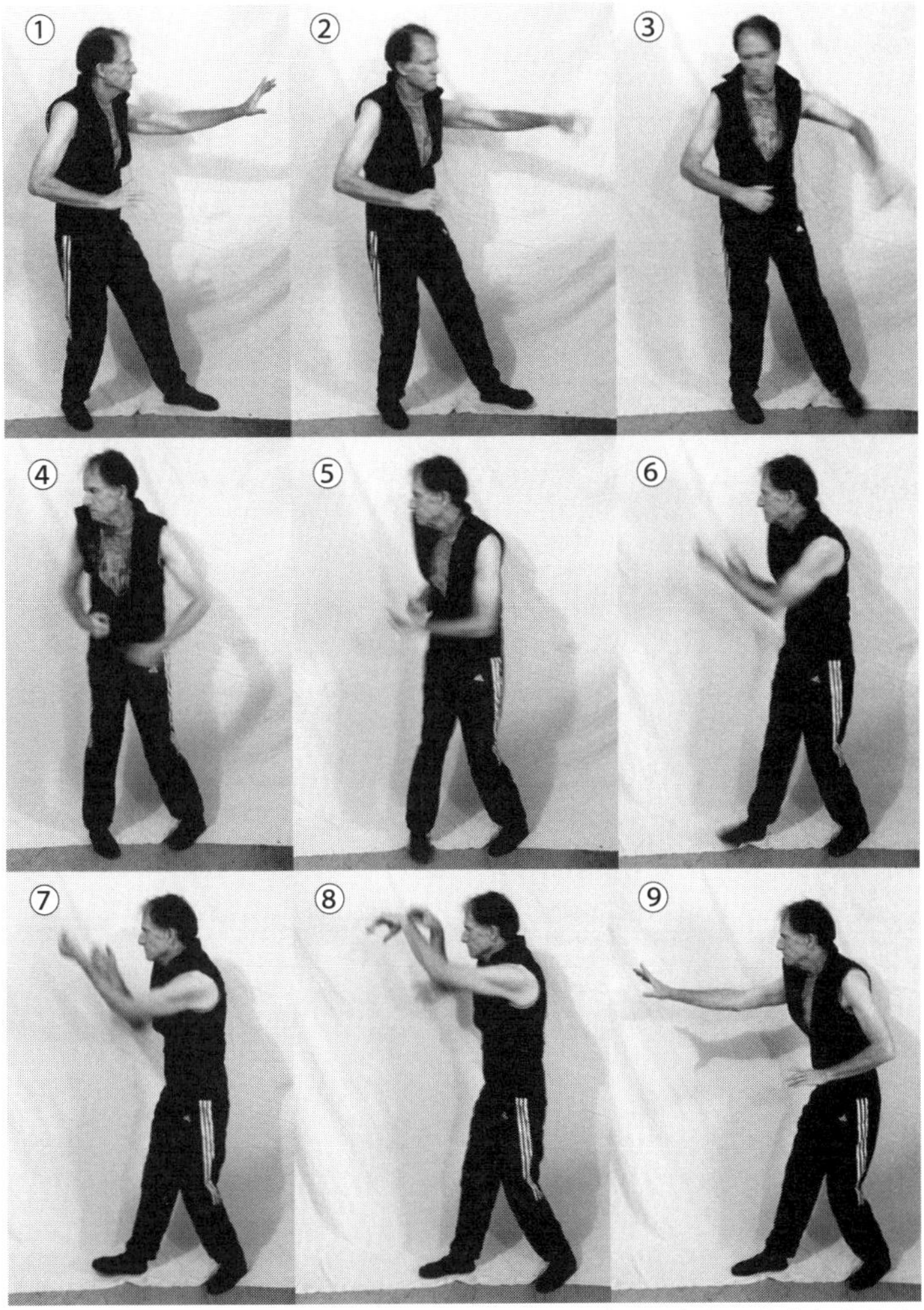

拳を作る。作った拳を腹部辺りで交差させる。かかとで回転して向きを変える。
腕を上げ、拳の向きを入れ替え、拳を開いて、最後に切り落とす。

体の向きが１８０度変わったら、上げた拳の向きを変えて虎の口を作り、下方向へ空手チョップを出すように叩きつける。打は誰かの顔か胸を平手打ちするように、もう一方の手は誰かを自分自身に引き寄せるように腹の辺りに引っ込めておく。これで両サイドで三体式が実行できる。

ウエストから上の胴体部分を、完全に脱力させる。フォームを完璧に中身を空っぽに、だ。これがマスターできたら、次は腰とウエストが鍵となる。ウエストと腰を回すことだけに注意を払う。回転のたびに、ウエストと腰で下方向へのソフトな圧力を感じ続ける。ウエストから胴体の下の部分で内部エネルギーを実感できる、最高のドリルである。

何度も練習をしよう。腕は空手チョップの動きを取るが、力まずに行う。十数回練習したら、静かに数分間直立姿勢を取る。下腹から胴体にかけて、パワーが満ちるのを感じられるはずだ。

達人、劉殿琛が形意拳のトレーニングを通して球状の内部エネルギーが下腹部に集中すると言ったことを思い出そう。このドリルを真剣に練習すると、彼の言葉が理解できるようになる。そのあとでＺＭＱ37のポーズを練習すると、内部エネルギーをさらに強固にできるのだ。ＺＭＱ37の練習で得られる内部エネルギーも球状である。それがさらに大きく強固になり、幾重にも層が重なってくる。何度も繰り返し練習を重ねていくと、雪の玉が転がりながら強く太く重さを増していくように、エネルギーが膨れ上がるのだ。

ZMQ37の套路には独特のウエストの回転方法があり、そのやり方に興味を持つ人は多いのだが、身体的な面はさほど重要ではない。空手チョップドリルから内部エネルギーの蓄積が実感できるようになると、ZMQ37のどのポーズにもあるどんなウエストの捻りからでも巨大なエネルギーのボールを実感できるようになり、上半身から腕、手へとエネルギーの流れをコントロールできるようになるのだ。

太極拳の練習を始めた頃は、エネルギーのボールがハッキリとは感じられない。そこでこの静止の空手チョップのドリルを何度も練習して、エネルギーボールを実感できるようにしよう。一度感覚が掴めるとエネルギーの集中も実感できるようになり、劉殿琛の言ったことが体で理解できるだろう。そのためにも、上半身を脱力して空っぽ状態にしてドリルに取り組むことが大事である。

第4章

アーク（ARC）②
——跳ね返り（Rebound）

本章では、下半身のエネルギーフローを高める方法と、脚を上昇するエネルギーの察知力を高める方法を紹介する。

◎金雞獨立

金雞獨立はＺＭＱ37の套路にあるポーズである。詳しくは私の他の著書『たった7つのポーズで身につく 太極拳「掤勁《ポンケイ》」養成法』にあるが、次に示すイラストでも簡単に習得できる。基本姿勢はＺＭＱ37の他のポーズと一貫しており、体をリラックスさせてまっすぐに立ち、美人手（手首と指を緊張させずにまっすぐ伸ばす）を保つ。体重は常に片脚で支える。

このポーズには長所がたくさんある。その1つは本などで簡単にポーズを習えることだが、より良い点としては、站樁（内部エネルギーを培うための立禅）を効率良く進める変形フォームであることだ。站樁は、内部エネルギー養成法として色々な形で広く練習されている。ただ、ほとんどの実践者の体がこわばっているのが残念だ。メンタル面でも緊張していることが多く見受けられる。体のあるポイントに集中せよと教えられるからであろう。

金雞獨立「休憩のポーズ」。腕が、膝のサポートを受けている。

金鶏独立は、無意識に緊張してしまう状況を作らない。逆に、リラクゼーションを促進する手助けをする。さらに、体内を巡るエネルギーをはっきりと実感できるのである。

金鶏独立は、次の要素からなる。

- **ポーズを取り、意識を膻中に向ける**
- **上げる**
- **休憩**
- **タッチ**
- **再び意識を膻中に向ける**
- **沈む**

太極拳で最も重要な要素のほとんどと、私の著書やビデオで提唱する片脚操作（ＳＬＯ）ドリルが、このシンプルなポーズに集約されている。

○ポーズを取り、意識を膻中に向ける

胸の中央やや下に、重要なポイントがある。それをここでは膻中と呼ぶ。このポイントを使って訓練するのは、かなり上級の技である。ここで何かを感じ取るには、アーク（ARC）プロセスが完全にアクティブになり、コントロール可能な状態に達せねばならないからだ。一度このポイントを自由に扱えるようになると、そこに内部エネルギーが集中して強力になるのが即わかる。脳の奥中央にある内部エネルギーの司令塔、泥丸の次に重要なポイントである。

この点については『全ての流派に通じる、現代の太極拳バイブル　太極拳パワー』でも触れているが、強調はしていない。鋭い感度が必要だからである。本書でこのポイントについて詳しく説明しよう。初心者でもすぐ練習できるように、太極拳の剣を使わずに行う練習方法を紹介する。また站椿を熟知している場合にも剣は必要ないので、ここで紹介する練習法が役に立つだろう。

跳ね返りのステージではエネルギーの上昇が足から起こり、骨盤、胴体を経て、肩甲骨の間に位置する靈台まで到達する。そこから脳へとまっすぐに伸び、頭の天辺から額、体の前面へと下りるのだが、エネルギーの流れに十分なパワーが備わっている場合には、大きな振動のエネルギー

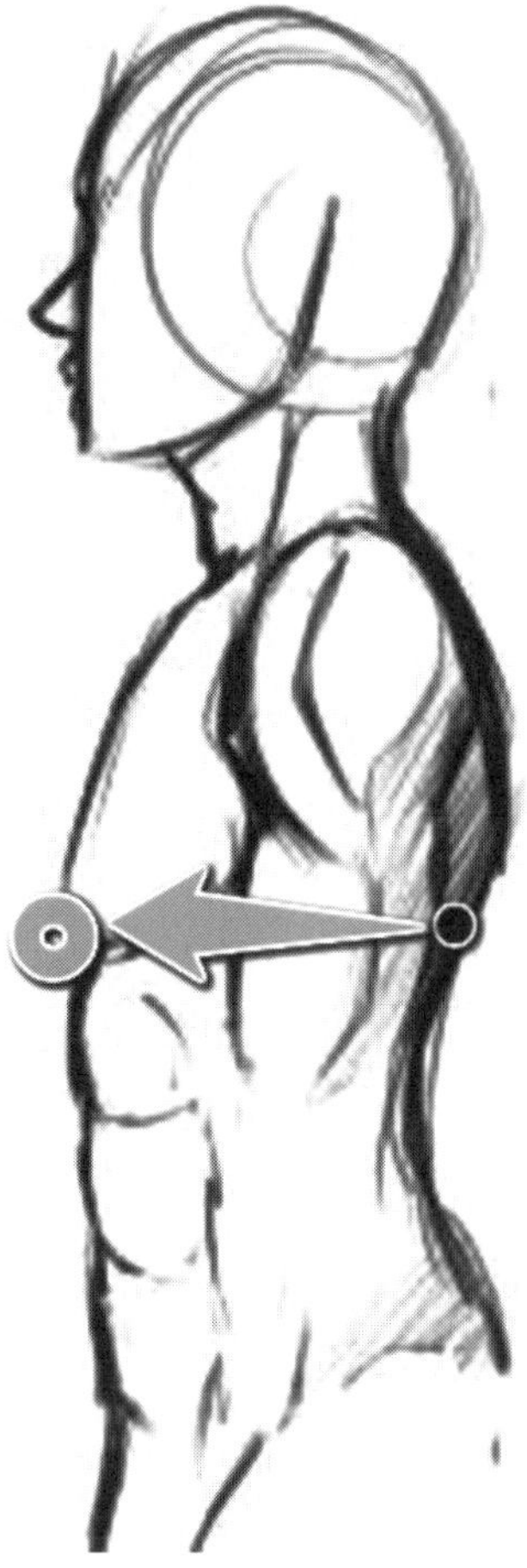

膻中が、靈台からのエネルギーを直接受ける。

波が靈台で枝分かれし、そこから直接体の前面に走り、膻中へと到達する。そこから流れを意識して、肩、腕、手へと走らせるのである。

膻中を起点として肩腕手へと放出されるエネルギーを、膻中放射と呼ぶ。

金雞獨立のポーズを取る前に膻中に軽く意識を向け、そのスイッチをオンにしよう。つまりは膻中に注意を払い、膻中から肩、腕、手へのエネルギーの流れを感じられるように試みる。何度か練習してその部分のエネルギーの流れが実感できるようになると、簡単に数秒で膻中放射が可能になる。これ以降のステップを効果的にする必要条件である。

エネルギーの流れを確かめよう。本当に起こっていることを肌で実感しよう。これは比喩でもイメージでも抽象的なものでも、また血流や細胞組織を流れる分泌物や神経回路の働きといった体内の生理学的な現象でもない。肉体を超えた非身体エネルギーだが、体内の特定の経路を走る真の内部エネルギーなのだ。心と体が携えている自然的要素である。慣れ親しんでいる思考や文化、物質主義的思考や先入観などを捨て去ろう。そういったものは、ここでは全く役に立たない。

○上げる

站椿の後にくる金雞獨立の次なるステージは、足を上げてポーズを取る。足上げはある一定の方法で行う。面倒臭いかもしれないが、それが習性になるまで練習しよう。足を上げる際は、脚全体を完全にリラックスさせる。三体式で足をわずかに上げる滲勁の練習をして蓄積を起こした要領だが、それをさらに深める。

まず、脚全体を鞭だとイメージする。鞭のハンドル部分で動きを開始し、鞭全体の動きを操作する。鞭のイメージを抱いても、大切なのは全てが非身体的であることだ。内部エネルギーの流れとそのパワーの増幅が、私たちのテーマであることを忘れてはならない。他の武術では、鞭を物質的あるいは運動学上の意味合いで出すことがあるが、ここでは全く別の使い方を紹介する。内部エネルギーを高めるべく、脚を最大限にリラックスして上げるための手段として鞭のイメージを持つのだ。

脚をリラックスさせて上げるには、太腿から持ち上げるようにすると良い。太腿の上の部分が、先ほどの鞭のイメージのハンドル部分にあたる。鞭を打つ時、鞭の胴体部分つまりトングやクラッカーを直接動かさない。ハンドルを操作して鞭をピシャリと打つ。

内部エネルギーのプロセスの説明にも、この鞭のイメージが有益だ。大腿骨から上げるアクションを鞭の打ち方になぞらえて「クラックステップ」と呼ぶことにする（クラックは「鞭を打つ」という意味）。この動きを習慣づけると、足を上げるたびにエネルギーが脚に集中し巨大化するのが実感できるだろう。これは金雞獨立の次のステージ、跳ね返り現象の準備段階である。また、膻中と両手にエネルギーの反響が起こる。

金雞獨立だけでなく、ZMQ37のポーズ全ての足を上げるポーズでも、クラックステップで足を上げるたびに脚の下半分のみならず、両手両腕、胴体の側面にも大きなエネルギーが怒涛のように流れるのを感じる。非常に強力で圧縮されたエネルギーの波である。蓄積のセクションで紹介したドリルを続けていると、このエネルギーの感覚がさらに強くなる。

さあ、ここではZMQ37を熟知している方々に向けての説明となる。もちろんこの部分を飛ばしていただいても構わない。ZMQ37の套路を練習する時、前進、後退、横への移動で足を上げる際にクラックステップを取り入れよう。クラックステップは、キャットステップ・プロトコル（猫のステップ）の最初のステージで特に重要な要素である。キャットステップ・プロトコルについては、私の著書『SURGE Radical ZMQ Energetics』で詳しく説明している。太極拳では、体勢変えや方向転換などで地に足を着ける瞬間は、体重をかけないのが基本だ。足場の安定を確認した後で、初めて体重をかける。慎重にステップを踏む、猫の歩行のイメージである。前著では詳細を省いたので、ここで説明しよう。

脚にはエネルギーの流れる方向が2つある。内部エネルギーをマスターすると、脚の外側か内側のどちらか好きな方にエネルギーを上下に走らせることができるのだ。標準的に次の順番で起こる。クラックステップでエネルギーの波が脚の外側を下方向、リラックスした足へと流れ出す。肉体的ではなく、純粋な電子モードだ。肉体的ではないとはいっても、鞭のハンドルから鞭全体へと放たれる運動エネルギーにイメージ上似ている。これがキャットステップの最初のステージである。前章のエレクトリック・レッグのドリル（47ページ~参照）でも、同じような効果が得られる。次に、キャットステップの休憩とリラックスのステージで、エネルギーの波がキャットステップ状態の脚の内側を上方向、胴体へと流れる。私はこれを跳ね返りの章で説明しているが、クラックステップは外側のエネルギーフローを引き出すところが多少ややこしい。ただ、これは金雞獨立プロトコルの1つの要素であり、全体として跳ね返りのパワーのエンジンなのだ。

クラックステップは、上半身のエネルギーがチャージし過ぎるのを避けるのに役立つ練習である。上半身で起こるエネルギーのオーバーチャージは、膻中への意識が強すぎると起こる現象である。クラックステップは、体全体にエネルギーがスムーズに等しく流れるタービン現象を促進するものだ。これにより、どんな方法よりも両手のスーパーチャージが起こる。

ここで問題となっている太極拳のポーズは、片脚立ちの金雞獨立である。片足を上げ、同時に両手をリラックスさせて広げる。まず、67ページイラストで示しているように膝を高く上げる。両手は美人手のまま上げる。もう一度イラストを参照しよう。膝を高く上げて肘をタッチする。前傾姿勢を取ったり、肘を下の方に移動させてタッチしない。

膝を高く上げるのに十分な柔軟性がない場合でも、1か月ほどの練習で膝が上がるようになる。バランスが取れない場合は、壁を使って体を支えると良い。

○休憩

膝が肘に着くようになったら、上げた膝に腕全体をのせて休憩する。膝頭が腕を休ませるのにちょうどよいプラットフォームになる。これはリラクゼーションの真面目なテストだ。腕を支えるのに肩や胸にどれくらいの力が入っていたかがすぐわかる。多量の力はいらないのだ。上げた脚の膝頭に腕を休ませ、その後で脚を下ろすと腕も同時に落ちるだろう。これが完璧なサポートの状態である。トライしてみるとわかるが、想像よりも深く難しい。両肩両腕の力を完全に抜き去りトライしてみよう。もう片方の腕は、体の側面に垂らしておくだけで良い。両腕、両肩ともこれ以上不可能なレベルまで脱力を試み、さらにそれ以上力を取ることができるかどうか考えてみよう。

美人手を常に意識していなければならない。リラックスをかなり強調しているので、膝の完璧なサポートで美人手が崩れてしまう恐れがある。こわばらずに、まっすぐに伸びた美人手を常に保つことを肝に銘じよう。膻中放射によるエネルギーの流れを途切れさせないためにも、美人手は重要である。両腕、両肩、上半身の存在を完全に忘れるくらいリラックスさせながらも、手には多少の張りを持たせるのだ。

『SURGE Radical ZMQ Energetics』を読まれた方々は、キャットステップ・プロトコルの足の休憩ステージを思い起こすかと思う。しかしキャットステップ・プロトコルでは、休憩するのは脚であった。ここで休憩するのは腕である。腕を床ではなく膝の上で休ませる。サポーターが床か膝かの違いはあるが、休憩の感覚は同じである。

○タッチ

休憩のポーズは、好きなだけ取って良い。もちろんやりすぎは禁物だが、毎日30秒程度、1か月ほど練習するといいだろう。休憩のポーズの練習の後は、膝のサポートをゆっくりと抜く。だが、肘とのコンタクトは保ったままで行う。微妙な動きなので、感性を鋭く働かせよう。膝と接している肘の皮膚と肘の骨の隙間を大きくするイメージを持つ。膝のサポートが取れてしまっているのだが、皮膚はまだ膝とくっついている状態を作る。このドリルを通して、他の太極拳の技や演武などよりも直接的に、太極拳の極意に迫ることができる。キャットステップ・プロトコルを熟知している場合は、このステージがキャットステップ・プロトコルのタッチのステージだと思えるだろう。サポートなしでのコンタクトだ。ほんの少しの間このままの状態でいよう。感覚を掴もう。

○再び意識を膻中に向ける

いよいよクライマックスだ。これまでのステージは、このコアの練習のための準備であった。ここでのコアの練習では、膝のサポートを完全に取り去る。上げた脚を数センチメートル下げると、膝はウエストの位置よりも下がるはずだ。維持するのはそれほど難しくはない。次の写真で示しているように、変形ポーズを取ったら内部エネルギーのスイッチを入れ、膻中から両腕へと直接エネルギーを放つ。金雞獨立の練習開始時の膻中放射に戻る形だ。段階的に安全面に考慮して30秒ほどこのポーズを保つ練習をしよう。

膻中から巨大なエネルギーの流れが起こる。加えて、体重をサポートしている脚へ、地面から大きなエネルギーの波が起こる。金雞獨立のポーズを取っている間、上げた脚の膝下から足の指まで、全てをリラックスさせていなければならない。サポートのドリルではないので、膝下の部分には張りがないはずだ。

再び意識を向けるステージ。肘の下の少し離れたところに、膝が上がっている。美人手がしっかり保たれている。

○沈む

最後のポーズに入る。支えの脚をゆっくりと少しずつリラックスさせ、徐々に沈ませる。沈み加減は大げさでなくて良い。1から7までゆっくり数えながら、体を沈ませてみよう。上半身の力を抜いて、徐々に床に体を近づけていく。支えの脚から胴体を通って、上へとパワーが跳ね返る。

◎変形三日月蹴り

ZMQ37の動きの中には、内部エネルギーを高めるために、いくつか単独で集中的に練習するものがある。その1つが三日月蹴り（擺蓮）だ。これは柔軟性を要する動きで、実践者全員に適しているとは言えないが、内部エネルギーの増強には効果的でチャレンジするのも面白いと思う。

三日月蹴りはZMQ37の他のポーズと同様に、体重の5割以上を一方の脚で支える片脚操作（SLO）をする。片脚操作を行うポーズでの体重配分は、7割3割から10割ゼロの範囲で練習する。

三日月蹴りは片脚が常に高く上がった状態を保つので、10割ゼロの体重配分となる。ポーズの間は、片脚で全体重を支えなければならない。

上げた脚には全く体重がかからないので、その脚で色々な形を作り、その後リラックスさせるという動きを交互に繰り返せる。ポーズを取る際、その形にほんの少しの意識を持って臨むのが理想だが、余計な力みが生じてしまいがちだ。その力みをいかに取り除けるかが常に課題となるのだが、三日月蹴りは力みを解き放つ訓練ができる、いわば実験室ともいえるだろう。真の太極拳は、力みとヘナヘナと崩れてへたり込む状態との間に存在する、完璧なリラックス状態を手探りで見つけることだ。内部エネルギーは、その二者の間のごくわずかな隙間に存在する。金雞獨立で説明したクラックステップで足を上げながら、内部エネルギーの存在する域を発見できる。三日月蹴りで内部エネルギーが存在する隙間を見つけられるように、何度も繰り返し練習しよう。

片脚で立ち、上げた脚で何度も蹴りを行う。下半身は金雞獨立のポーズに似た形になる。まず、蹴る方の膝をウエストの辺りまで上げ、膝下の部分は力みを抜いて垂らしておく。両手を体の前面に地面と平行になるように出し、手の指先めがけて膝下の部分で流れるように蹴りを出す。バランスを保ちながら体を伸ばし、リズミカルに何度も練習しよう。内部エネルギーの流れを拡張し、常に意識を注入することを忘れない。最初は難しいが、努力の甲斐はきっとある。

ポーズの取り方に真剣になりすぎないように。この動きの間、内部エネルギーのうねりを実感しよう。そして蹴りが終わった後で静かに直立姿勢を取り、さらにエネルギーの流れを確かめよう。

三日月蹴りを次のように行うことで、内部エネルギーは自然発生する。

・クラックステップで脚を上げ、蹴りの準備をする。
・蹴り足が前に出した手の指先に接するように蹴る。
・手の指先に足が接触したら蹴り足を下げ、膝下の部分の力を抜き、蹴りを終え、また次の蹴りを開始する。

これらのポイントは、この一連の動きがカンフー演武にならないようにするためである。身体トレーニングとして練習しても、内部エネルギーの効果は全く出ない。

足と膝下部分をリラックスさせる。足と膝下を働かせて蹴る。再び足と膝下をリラックスさせる。

前に出した手の指先を、なでるように蹴る。

三日月蹴りは私のYouTubeチャンネルでも紹介しているが、一定のペースで10〜15回続けて練習をしよう。その際、蹴り足を下げ過ぎず、またバランスを保つことを心がけよう。蹴る時、あるいは蹴りと蹴りの間でバランスを失うとしたら、蹴り脚の膝下部分がリラックスしていない証拠である。

◎ドラゴンジャンプ（龍形）

龍形は、形意拳十二形の1つである。龍形は、ジャンプの後、ツイストしながら姿勢を低くする動きだ。ジャンプとかがみ込む間には何の動きもない。その場でジャンプした後、即低くかがむ。腕は劈拳の動きと同じ。

龍形は、床すれすれにかがんだ姿勢から天井に向かってジャンプし、足と手の位置を空中で交差させ再び床に降りてかがむという激しい上下の動きのせいか、取り掛かりが多少難しい。だが、内部エネルギーの増強にとても良い点が1つある。中国の神話に出てくる龍は曲がりくねった胴体を持ち、雲の上まで素早く登り、また地上に舞い降りてくる動物だ。これが正に龍形の動き、技である。最大限に伸びた後、強力に圧縮する。この動きが内部エネルギーの増強を促進する。フルの動きが難しいようであれば、単にジャンプして体を伸ばすだけでも効果はある。

背伸びをし、手を最大限に上に伸ばした地点に届くように、天井からループ状の紐を垂らす。次に軽く跳ね上がり、親指と人差し指でその輪をタッチする。しっかり掴んでしまうと降りる時に自分の体重で紐を引き下ろしてしまうので、軽くタッチする。タッチして床に降りる。ちょうどバスケットボールのネットの下からジャンプして、ネットの縁を軽く触るような感覚である。一番高い場所に届

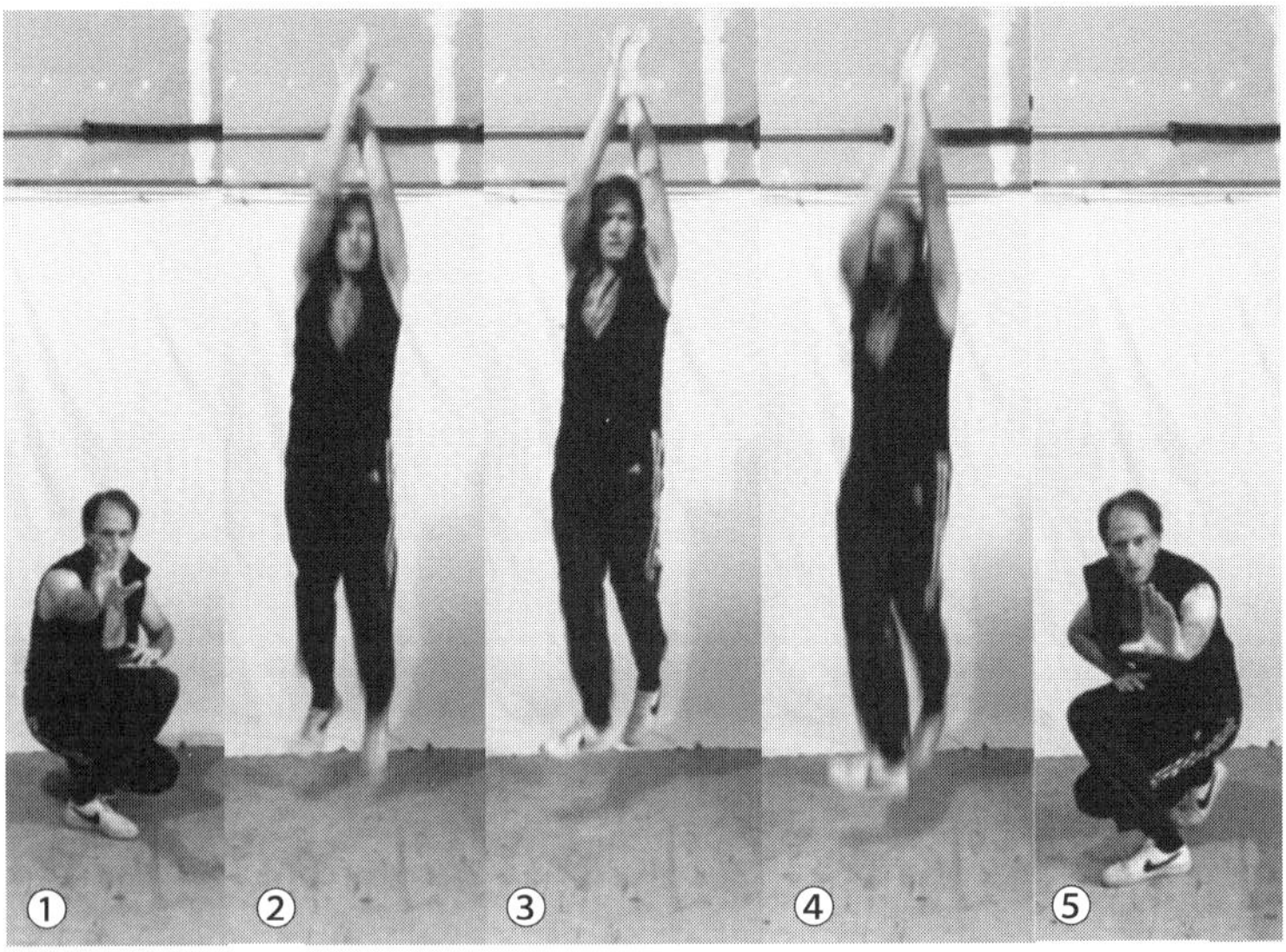

体を最大限に伸ばし、最小限に小さく圧縮させる。

くには、伸ばした腕、胸、上半身を完全にリラックスさせなければならない。疲れるほど練習する必要はない。

このジャンプを何度か練習したら、足を肩幅に取り、静かに直立姿勢を取る。リラックスして自分を落ち着かせる。このシンプルな練習から引き出された内部エネルギーが巨大な波となり、体中をうねる。

第5章

アーク（ARC）③
――キャッチ（Catch）

アーク（ＡＲＣ）プロセスの最後のステージ、キャッチの説明をしよう。ここでは、手のひらの内部エネルギーに焦点を当てる。前章の蓄積と跳ね返りのプロセスをスキップしてしまうと、ここで紹介する練習から大きな効果は得られない。これまでの章で紹介したドリルに真面目に取り組んだなら、体は十分に活性化されており、巨大な内部エネルギーが体中を巡り、両腕、両手首、両手、そして両手の指先までも覆う準備が整ったことになる。ここで紹介するドリルは、セスタス部分全域のスイッチをオンにすることを目的とする。セスタス部や手など末端部分を使ってパワー増強の訓練をし、手がアクティブ状態になると、いつでも足裏から津波の如くパワフルな内部エネルギーを意識して起こせるのだ。そうなったら、アーク（ＡＲＣ）がフルに働いていることになる。

◎手すりワーク

私の著書『形意拳に学ぶ 最速！ 内部エネルギー発生法』で、私が十代の頃台湾である先生から個人的に形意拳の訓練を受けた背景について詳細に述べた。形意拳の基本的概念はその著書で説明しているが、まだまだ言い尽くせていない点が多数ある。先生からいただいた手書きの指導書には、エネルギー鍛錬法の上級編が書かれてあるが、そこに到達するまでにも、押さえておかなければならない点が多くある。

先の著書では説明しなかった基本的な練習の1つが、両腕と両手を内部エネルギーで満たす方法である。内部エネルギーは体内に蓄積されるが、同時に武術やヒーリング、書道などで使われる場合には、足裏から即、胴体、頭を経て腕や手へと伸びていく。この章では、内部エネルギーで満ちた腕や手をさらに強固に、また深める方法を紹介しよう。内部エネルギーを武術やヒーリングに応用するための配送メカニズムである。

これまでに何度か触れたが、私は前腕、手首、手を1つのユニットとして考え、その部分全体をセスタスという言葉で表現する。セスタスとは、ローマ時代の剣闘士が腕に装着した防具かつ武器であることは復習になる。この章のドリルでは、このセスタス部に内部エネルギーを蓄積させる。

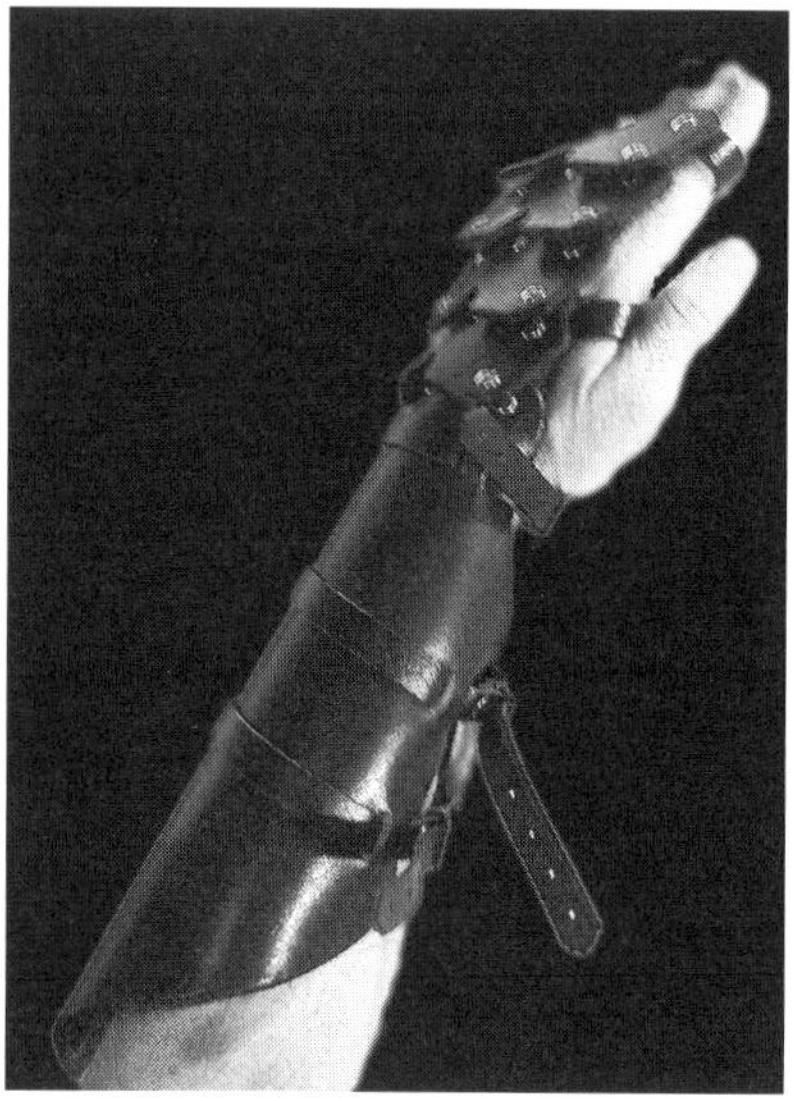
セスタス部分とは、肘から手の指までの範囲。

ここで紹介するドリルは、形意拳の先生から指導を受けた長いレジメンに関連するものである。別の著書『全ての流派に通じる、現代の太極拳バイブル　太極拳パワー』でも、その基本の概念に触れている。肘をテーブルの上にのせ、前腕を動かして内部エネルギーをセスタス部に集中させるドリルだが、詳細に紹介していないのはテーマが太極拳だったからである。私は形意拳の先生から、この概念を基礎とする練習法を教えてもらった。その一部を紹介しよう。

手すりワークでセスタスに内部エネルギーを満たす方法である。これは入門編にすぎないが、それでも驚くほど強烈な結果をもたらす。内部エネルギーに対しての考え方

テーブル上に肘をのせ、前腕とリラックスした手首の
動きを通して内部エネルギーが発生する。

が変わることだろう。

○手すりワーク①―A

最初のドリルは簡単なもので、先生の村にある古い橋の手すりの上で教えてもらった。橋の手すりでなくとも、身近にある手すりで良い。手すりに向かい、前腕を手すりにかける。肘は直角かそれ以上に広げる。足を肩幅の2倍程度に広げ、脚をまっすぐに伸ばし、膝は固めない。三角の土台を作る感覚だ。

まず、腕をリラックスさせて手すりにかける。肩、腕、手首、指の力を抜く。自然に手が下へ垂れる。

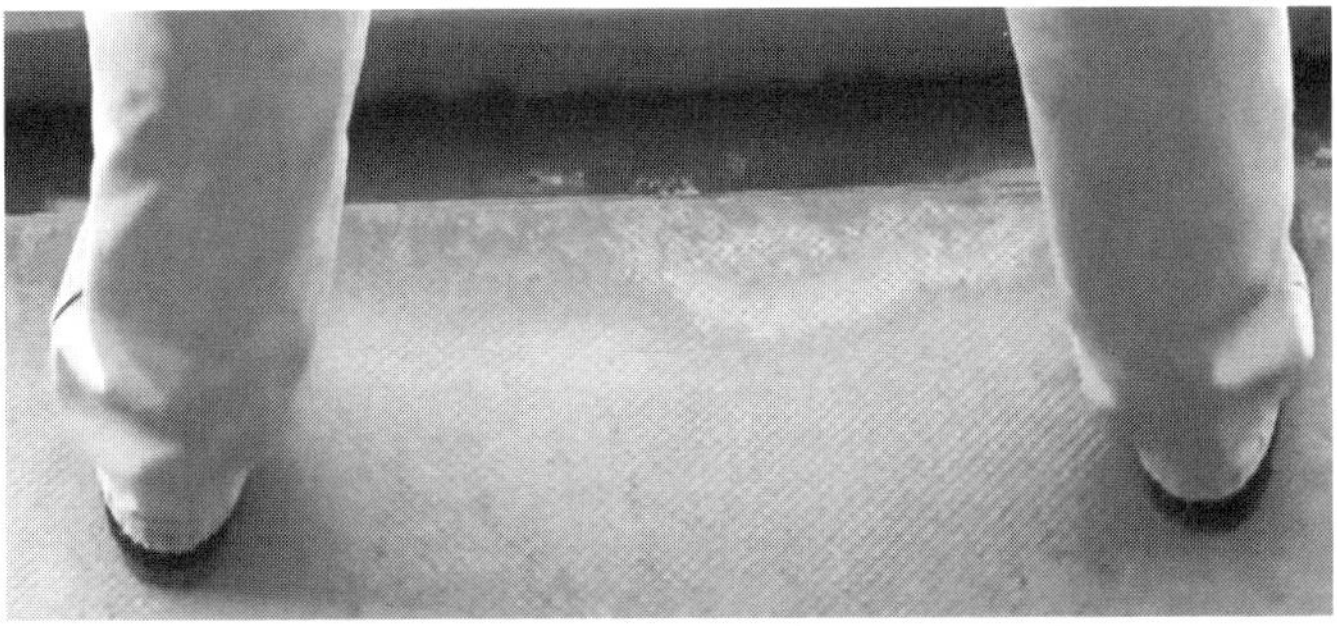

足を肩幅の２倍に開く。脚はまっすぐに伸ばし、膝を固めない。

腕を手すりに完全に預け、リラックスさせる。手が自然に垂れる。

まずリラックスし、手をゆっくりと上げ始める。虎の口などの特別な形は取らなくて良い。指を柔らかくまっすぐにする。この動きでアクティブなのは手首だけである。肘、前腕、肩の重さ全てを手すりに預けて動かさず、柔らかく保つ。

手の指が少し上向きになるまで、手を上げ続ける。上げきったら休憩して、力みが加わっていないことを確かめる。次に、上げてきたように手を下ろしていく。下りきったら、緊張状態でないことを確かめる。このように両手の上下運動を繰り返し行う。初心者は20回ほど練習するといい。指がほんの少し伸び、手首が上下運動をコントロールする。手首と指以外で動く箇所はな

手を上げる。

い。

○エネルギー

練習方法と同様に、このドリルで培われるエネルギーも重要である。手を上げる時、停止時、下げる時の全ての段階で、意識を両手のひらと両足裏の4つの箇所に注ぐ。それだけだ。簡単なドリルだけに、真剣に取り組むことが大切だ。精神の働きが重要な要素となる。

○効果

手の上下運動をしても最初は何も起こらないだろうが、ひたすら練習を続けよう。

手が上がりきった状態。肘や肩には力が入っていない。

そのうちに、手首と前腕にエネルギーのさざ波が起こるだろう。これが『全ての流派に通じる、現代の太極拳バイブル 太極拳パワー』と『形意拳に学ぶ 最速！内部エネルギー発生法』で説明した、内部エネルギーの初期段階の現象である。後に、このさざ波が成長し、太く何層にもなる。強力に、そして充実したものになるのだ。最後には、足裏で発生し体中を流れるエネルギーをコントロールできるまでになる。その効果は想像を絶するほどの驚きだ。

発生するパワーは巨大なうねりとして瞬間的に起こるが、発生のたびにエネルギーは少しずつ体内に残り、何度も繰り返し練習するうちに体内に蓄積されるエネルギー量がマンモス化し、常に体が満タンにチャージされた電池のようになる。このドリルを何度も練習すると、セスタス部分のエネルギーがどんどん増強し、骨の髄まで沈み込み強く固くなる。

○確認

体中を力強い内部エネルギーが巡りだしたら、次はそれを起こすタイミングと強度をコントロールすることを学ぶ。まず、先のドリル同様に立って手の上下運動を開始する。そして誰かに自身の腿の裏を触ってもらおう。手の上下運動を繰り返すうちに意識が集中し、強力なエネルギー波が起こり、触っている人にもその波の流れが伝わる。パワフルで疑いようのない現象である。内部エネルギーが体内を流れている。脚を震わせるわけでもなく、緊張させたり弛緩させたりしているわけでもない。腕は完全に手すりの上で休んだ状態で動かさず、脚もまっすぐに伸びているだけで微動だにしていない。完全に静の状態を保っているのに、体内ではエネルギー波がドクドクと走り、第三者も実感できるのだ。脚を使って、内部アートの1つのゴールでもある静中動（静の中に動が存在する）の現象を確かめているのだ。自身の脚（腿）の裏を触っている人には、消防用ホースの中を水がパワー全開で流れているように感じられるはずだ。それは内部エネルギーそのものの衝撃ではなく、エネルギーが流れる道筋の振動なのである。

強力なエネルギー波を意識して足裏から起こせるようになったら、練習方法に変化を加えよう。最後の手の上下運動で両手を上げきったら、そのままの状態で足裏から手のひらへと流れるエネルギーに意識を向け、意識の力のみでその流れを持続させる。これによりエネルギーは、個々の波から1つにまとまった大きな川の流れのように変化を遂げる。ぜひこの感覚が掴めるまで練習してほしい。長く掛かるかもしれないが、実感できた時の喜びはひとしおである。この練習を長く続けた後で、三体式で立つと、内部エネルギーが足から手へと大きな川の流れとなって走る。

○手すりワーク①―B

ここでも①―Aと同様に、手すりの前に立ち、両手を上げていく。肩から指先までリラックスさせて、前腕をゆっくりと回転させる。まず両腕を同時に外側に半回転させ、手のひらを上に向ける。次に内側に半回転させ、手のひらを下に向ける。これを20回ほど繰り返し行う。最後には、①―Aの最後のステージで実感したように、エネルギーの大きな一筋の川の流れを実感する。

手すりワーク①―B。前腕を外側に、次は内側に半回転する（手のひらを上向きにしたり、下向きにしたりする）。

○手すりワーク①—C

このドリルも①—Bのように腕を回転させる。①—Bでは両腕を外側へ、そして内側へと回転させた。ここでは、両腕を同じ方向に回転させる。まず右手だけを外側（右側）に回転させ、手のひらを上に向ける。この時点で右の手のひらは上を向き、左の手のひらは下を向いている。ここから両方の腕を同時に左へ半回転させる。この動きは20回ほど繰り返す。腕はできる限りリラックスさせ、回転時も停止状態でも手すりにその重さのほとんどを預けている形を崩さない。20回練習したら腕に静かに集中し、①—Aと①—Bの最後のステージで行ったように、エネルギーの大きな流れを

手すりワーク①—C。これも前腕を半回転させるが、左右の手のひらの向きが逆になる。

意識の力で起こす。

○手すりワーク②

ここでのドリルは、両腕を肩幅に開いて手すりに対して直角に置き、両手のひらを向かい合わせる。指を脱力させた後、力を込めずにゆっくりと自然に上方向へ伸ばしていく。手すりワーク①と同様に巨大なエネルギーのうねりが足元から起こり、セスタスを通る。肩をリラックスさせ、腕を手すりに預けることを常に心がける。全体重を手すりにかけると肩がこわばってしまうので、注意しよう。両足は手すりワーク①と同様に、肩幅の2倍程度に開いて三角形の土台を作る。

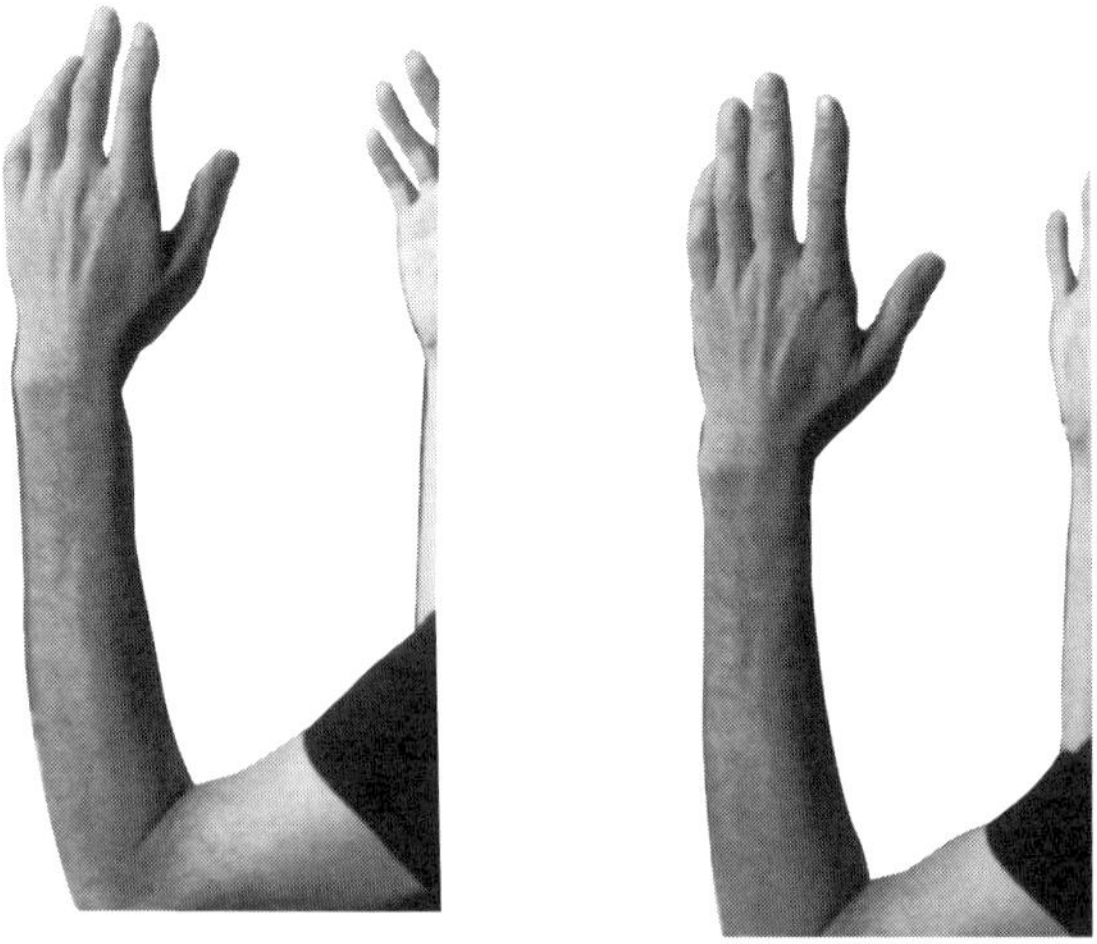

手すりワーク②。上方向に、指を伸ばしたり縮めたりする。

指の伸び縮みを何度か繰り返し、最後に指を伸ばした状態の時、手すりワーク①と同様のエネルギーが起こる。これらのドリルで起こるエネルギーは、波が立っては壊れるという感覚ではなく、一定の水量を保つ静かで大きな川の流れである。ただ、エネルギーが足元で発生し脚を上昇するという点では両者とも同じだ。

○手すりワーク③

ここでのドリルは、これまでとは若干違う。脚を閉じて両膝をつける。肘が完全に手すりにのるように膝を曲げて腰を落とす。両腕は肩幅に取り、両手の指を深く組んだまま、手のひらを下に向ける。

手すりワーク③のスタンス。

このドリルでは手首にパワーが起き、エネルギーで満タンになる。手首の内側を意識しよう。両手を組んだまま手首をリラックスさせて、柔らかくゆっくりと両手とも外側に引っ張る。その最中も手首の内側に意識を向ける。外側に引っ張った後、元の位置に戻す。両手はずっと組んだままである。元の位置に戻す時に手首が若干へこみ、外側に引っ張る時は手首が少し膨らむ。20回ほど繰り返し練習する。ゆっくり行うと、手、手首、前腕でのエネルギー体験が大きくなる。

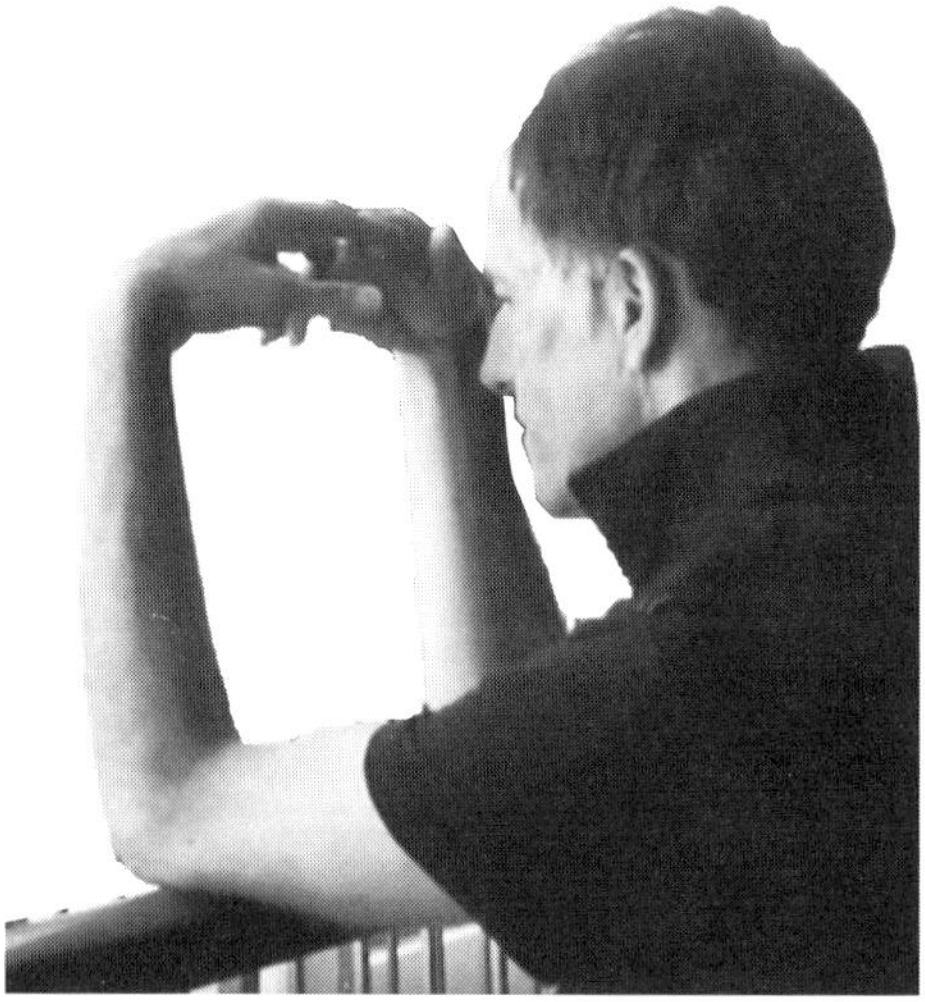

手すりワーク③。両手首の内側への動き。指を組んだまま、両方の手首を近づける。組んだ指が閉まる。

○手すりワーク④

ここでは、手すりに対して横向きに立つ。足を肩幅の2倍に広げ、これまでどおり三角形の土台を作るように立つ。片方の手を手すりにもたれさせ、脱力する。手首に近い場所を手すりにかけると良い。手すりにかけない方の腕は、自然に体の側面に垂らす。その腕にも意識を働かせ、指をわずかに伸ばしておく。そして、手すりにかけた手を20回ほど上げ下げする。最後には、川の流れのように滑らかなエネルギーが足から起こり、両腕へと上昇する。

手すりワーク④—Bは、手すりにかける腕を交換して行う。

手すりワーク④。手すりワーク①の片腕編。手すりに対して横向きに立つ。

○手すりワーク⑤

手すりワーク①と同様に脚で三角形の土台を作り、手すりを後ろにして立つ。手すりワーク⑤―Aでは手のひらを上に向け、手すりの向こう側に手が出るようにかける。そして、手を手首から上下に柔らかく動かす。最後に波の立たない川の流れのようなエネルギーが起こる。

手すりワーク⑤―Bでは、そのままのスタンスで手のひらを下に向けて行う。肩へ負担がかかる場合にはスキップしても構わない。肩を開く練習をしてから臨むといいだろう。手のひらを下に向けて上下運動を繰り返すと、同様のエネルギー現象が起こ

手すりワーク⑤―A。両手のひらを上に向け、手首を上下に柔らかく動かす。

る。

手すりワーク①から⑤までを1セットとして練習し、その後で数分間、静かに直立姿勢で立つ。足裏から巨大なエネルギーが発生し、体中を通って両腕を満たすことだろう。

◎ムドラ

ムドラとは、特別な手の形である。ヒンズー教、仏教、道教を含む東洋思想や、演劇の伝統で神秘的かつ象徴的な意味を持つ。ムドラについては文化人類学の分野でよく取り上げられる課題で、奥が深く、その神秘性や奇術的意図などについての説明は省く。単に特別な手の形だということで進めていこうと思う。

ムドラは昔からよく知られている。今に始まったことではない。しかしここでは、新しい角度から紹介したいと思う。この特殊な手の形から、内部エネルギーを実感できる方法を紹介しよう。

根本的にエネルギーは1つしかない。それが様々な様相を呈して現れるのだ。水が波、一筋の流れ、氷と様子を変えるのと同じである。ムドラを取り上げるのは、それが手をエネルギーで満たすという本書の目的達成に厳密な機能を果たすからである。これまでにいろいろなムドラを習ってきたが、その中から本書の目的達成に最適なムドラを20ほど抜粋して紹介しよう。

全身を使うヨガのポーズの数は、２千以上とも言われる。同様に、手もたくさんの形を作れる。手は複雑な形をしているが、構造的には限られているので、様々な伝統芸能に見られるムドラは似たものが多い。中国の伝統には他の文化同様に、宗教に関連したムドラや魔術を目的としたものがある。また中国武術にも特別な手の形が存在する。打を発する時に、架空の動物、実際の動物の真似をすることがある。虎、鷲、カマキリ、不死鳥などだ。これらは機能的なムドラである。私が紹介するムドラは、伝統的な中国武術のムドラと機能的な共通点もある一方で、相手に直接触らない点が違う。

ここで紹介するムドラは巨大なエネルギーを手に送り出し、身体の他の部分にも浸透して何層にも厚くしていくものだ。ムドラのドリルを通して途方もなく大きなエネルギーを実感できるだけでなく、日常生活において今までとは違う次元でエネルギーを味わうことになる。手を使うドリルではあるが、最初に起こる現象として、普通の生活で立っている時に足が巨大に太く滑らかに、かつ温かくなり流動性を帯びてくる。そしてその効果は徐々に拡大する。

これらのムドラは、正座、半あぐらなどの座った姿勢でも、椅子に腰掛けた状態でも、また足を肩幅に広げてゆったりと立った状態でも、さらには手すりワークで行ったように腕を手すりにかけた状態でも実行可能だ。

セスタス部分をエネルギーで満たすという、限定された目的を果たす鍵は動きである。同時にアーク（ＡＲＣ）プロセスをエネルギーで満たし、エネルギーレベルを最高潮にする。ムドラが演武や儀式などで使われる時も、もちろん動きはあるが、それは美を追求したものだ。そうでなければ、伝統に根ざしたムドラの動きは静的なものになり、一度その形を作ったらそのままの状態を維持して瞑想や呪いをするように教えられたであろう。

ここでのアプローチは違う。ムドラの練習には武術の訓練同様に、反復の動きがある。特定の手の形で開始したら、ゆっくりと滑らかに指を動かして別の形を作り、また元の形に戻す。それを何十回と繰り返し行うのだ。その練習中、手のひらと指に意識を注ぎ続ける。そうすると手全体に大量のエネルギーの波が引き出されるだけでなく、アーク（ＡＲＣ）のエネルギー経路にほぼ同時にエネルギーの波が起こるのだ。

これらは、単なる指のストレッチ運動や強化プログラムではない。決して、身体を鍛えるトレーニングではない。ましてや、マジックや奇跡を呼ぶための動きでもない。内部エネルギーの流れを強化するためのドリルである。マジックや儀式に関連する指のトレーニングは、全く異なる分野となる。

ムドラの練習をした後で静かに直立姿勢を取ると、それまでに経験したことのなかったさらに強い内部エネルギーを、現実的にセスタス部分に感じるだろう。そのエネルギー体験は、私の言葉では表現できないほど途方もなく不思議な経験である。それを体験するには練習するのみだ。

これらのドリルは自宅で行うのがベストだ。公の場で練習すると、ギャングたちが使うサインだと間違われて警察沙汰になったり、本物の暴力団に襲われたりする可能性がある。少なくとも米国ではその可能性が高い。またニューエイジのワークショップやヨガのリトリートプログラムなどで行うと、これ見よがしに披露していると嫌われるだろう。内部エネルギーを手に起こすためのドリルを危険視されたり、勘違いされたりするリスクは避けよう。

○シングルハンド・ムドラ

これから紹介するドリルには、EMというタグに番号を振って説明する。EMとは、Energy Mudra（エネルギー・ムドラ）の頭文字を取った略称である。全てのムドラドリルは、開始フォームと終了フォームの2つの形を交互に繰り返し行う。両手は胸の位置に置き、肘をしっかり締める。肘が体の外側に出ると肩に力が入ってしまうのだ。手すりワークでは手すりに腕を預けたので、肩への力みを避けることができた。手のひらの向きは、上、下、向かい合わせのどれを取っても良い。断りのない限り、色々な手の向きを試そう。

シングルハンドという言葉を使うが、片手だけのドリルではない。両手を組んだり合わせたりしないという意味である。両手を接触させず、同時に使ってドリルを行う。方法は2通り。開始フォームから終了フォームへの移行を両手で同時に行う方法が1つ。もう1つは、片方の手（右手）が開始フォームから終了フォームへ移行し、もう片方の手（左手）は終了フォームから開始フォームへ移行する。

開始フォームから終了フォームへの移行を12回繰り返し行うが、11回目まではゆっくりと行う。

自然な呼吸でいい。呼吸も身体的、メカニカルなものである。エネルギーは呼吸を超越するのだ。終了フォームを作ると、指、セスタス部、そして丹田から足へとエネルギーの波が起こる。回数を重ねるごとにそのエネルギー波が大きくなり、徐々にその強度が増す。そして最後、12回目の終了フォームを取った後、しばし動かずにいると、エネルギーのモードが波からスムーズな大きな川の流れと変化し、足から手の指へと脈々と流れる。このドリルで発生したエネルギーは相当に大きく圧倒されるだろうが、危険性はない。リラックスして動かずに終了フォームを取ったまま、エネルギーを実感しよう。

ＥＭ①は簡単に見えるが、やり方次第で高電圧のドリルになる。開始フォームは親指と人指し指をつけずに軽く輪を作り、他の指は伸ばしてリラックスさせる。ゆっくりと優しく形作る。終了フォームは、全ての指をピンとさせ、輪を閉じる。意識を静かに保ち、開始フォームと終了フォームの移行を繰り返し行う。終了フォームで、エネルギーのさざ波が両手の甲に起こる。そのさざ波は、振動しながら体全体へと展開していく。

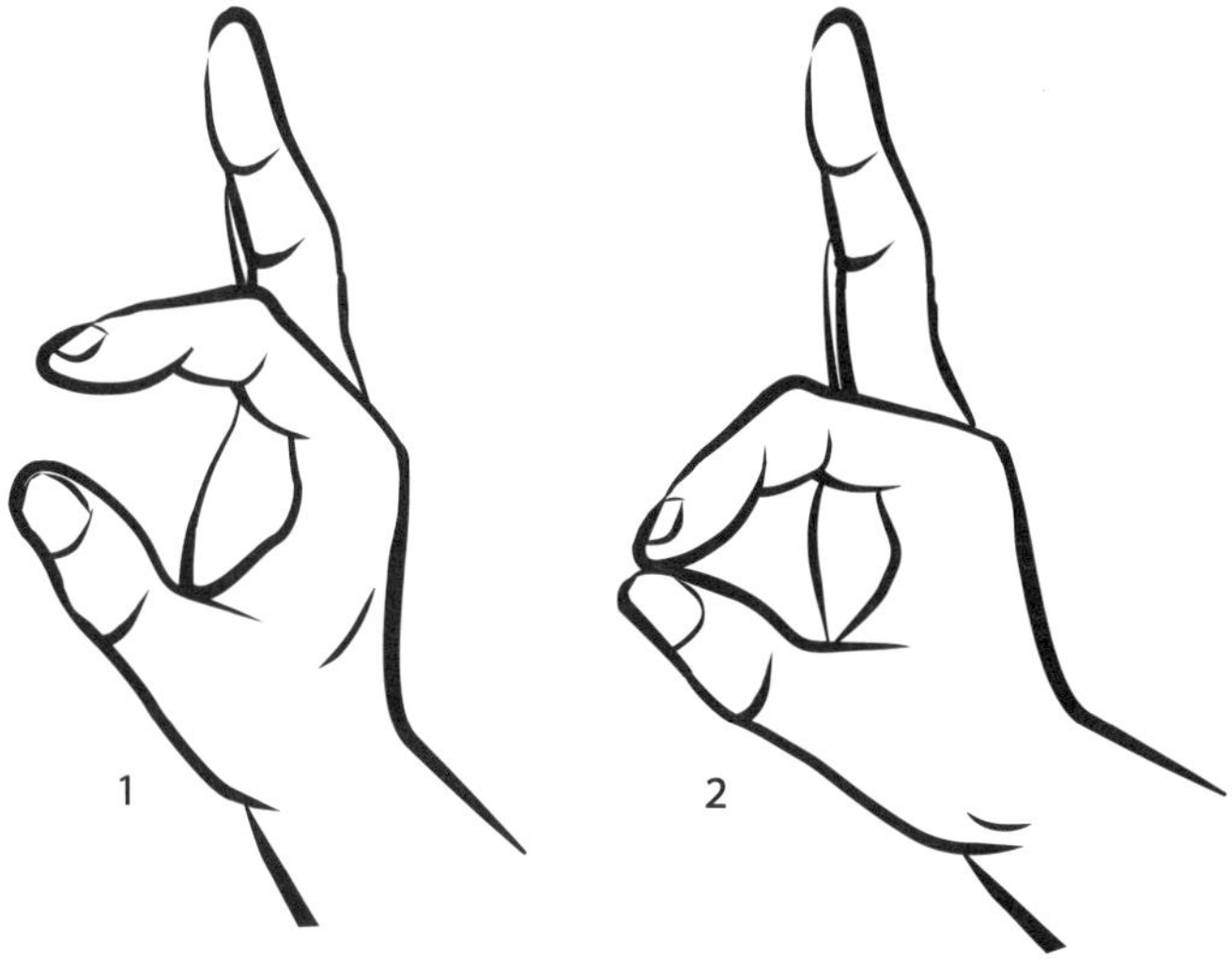

EM ①。柔らかく親指と人差し指で輪を作り、その他の指は伸ばしておく。

ＥＭ②は、１９６０年代に流行したヒッピーサインを思わせる形だ（ヒッピー文化を経験していればだが）。これも、開始フォームから終了フォームへダイナミックに移行すると、莫大なエネルギーを発生させる。その形のユニークさに気を緩ませてはならない。ここでの鍵は最終フォームではなく、そこへ移行するプロセスにある。このドリルの開始フォームは、終了フォームの歪んだ形である。終了フォームは指がピンと伸びて綺麗で整った形になる。その時、両手、両腕、体全体に大きなエネルギー波が押し寄せる。そしてまた開始フォームに戻し、そのプロセスを11回繰り返す。最後、12回目の終了フォームを取ったら、そのまましばらく動かずにいる。エネルギーのモードが、波からスムーズな流れと

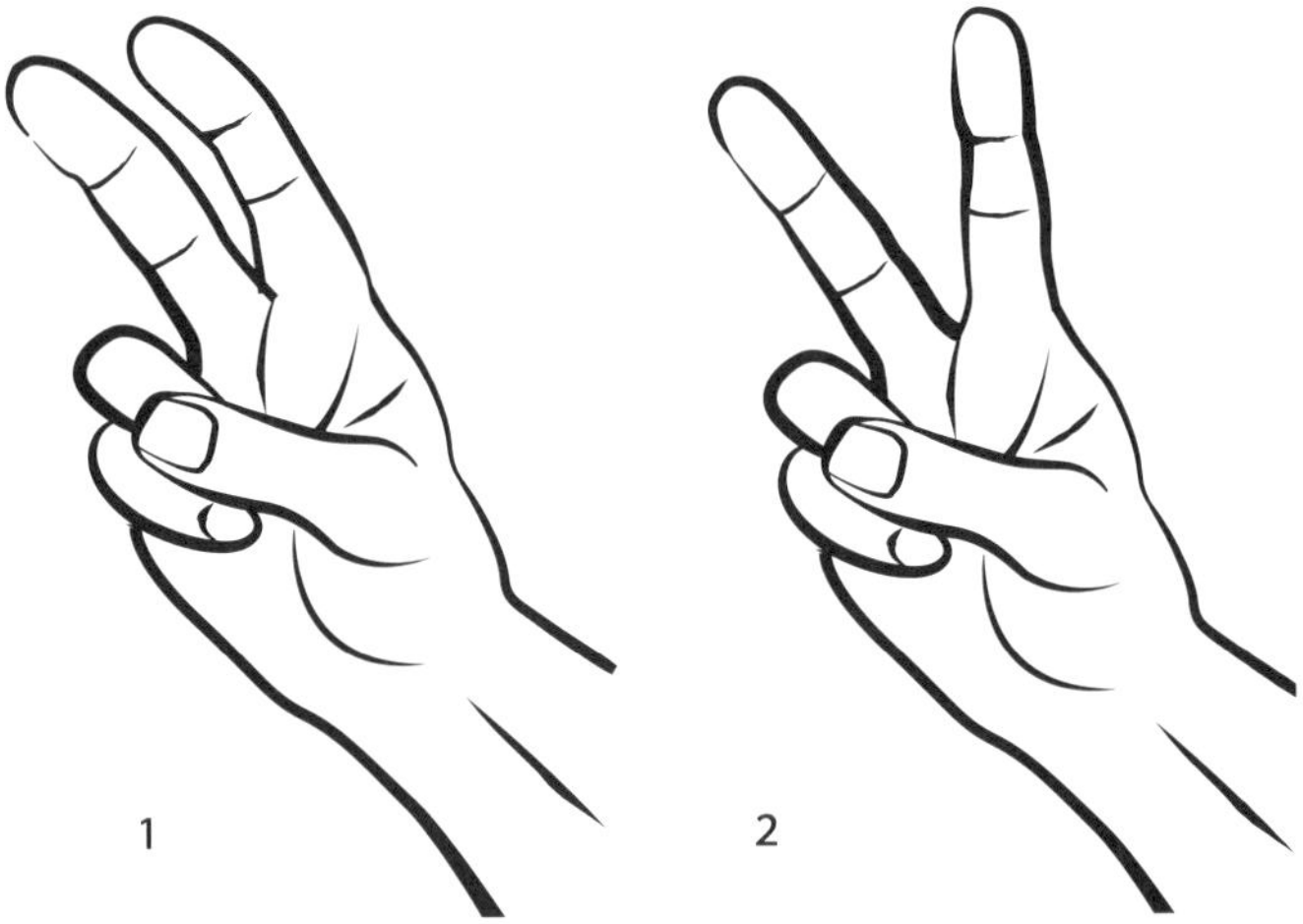

EM②。ヒッピーサイン（ピースサイン）のような形で行う。

変わる。

EM③も、西洋人には親しみのある形だと思う。長い歴史を持つムドラの形だ。開始フォームは、終了フォームが崩れた形である。まず両手を胸に向けて、親指と中指と薬指を強く重ねて輪を作る。その時に手をエネルギーが覆い、パンパンになる。終了フォームは腕を180度回転させて両手を外側に向け、その形をきれいにピンと整える。そしてまた胸に向け、開始フォームに戻る。この動きを繰り返し行い、最後は自分の胸に手を向け、柔らかく指を立て、エネルギーの静かでスムーズな流れを感じる。

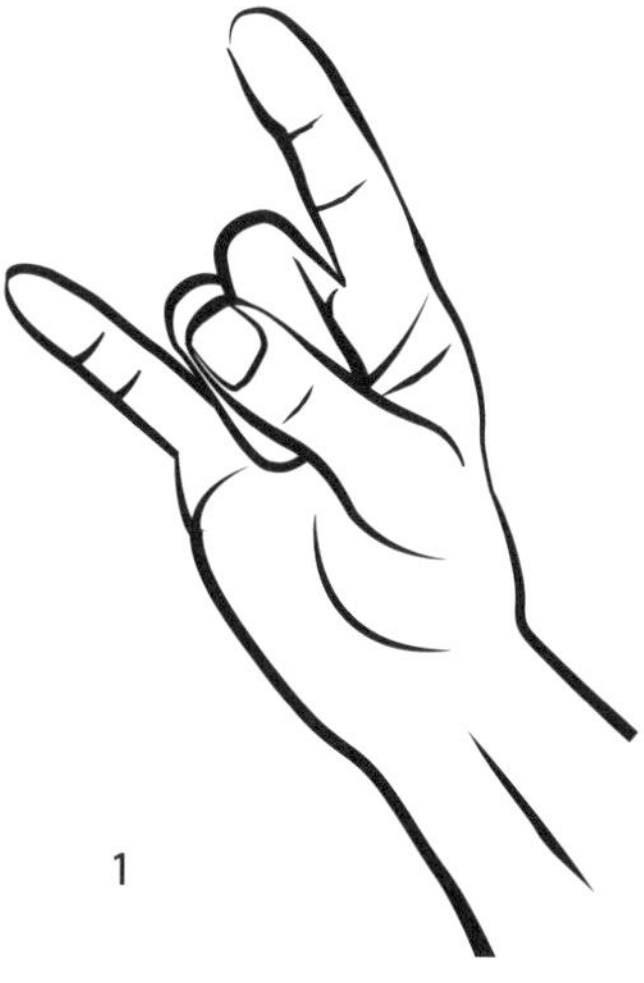
1

2

EM ③。長い歴史を持つムドラの形。

ＥＭ④はＥＭ①の変形で、強度が高くなる。ＥＭ①との違いは、開始フォームと動きにある。開始フォームは人指し指を親指の上に置き、他の指は自然に曲げる。終了フォームは、親指と人指し指の形は変えずに、曲げていない他の指のカールを少しだけ解き伸ばす。３本の指をカールさせる時、指の節々ではなく手首で曲げるように意識するといい。指の骨は手首にその元がある。手首の元には内部エネルギーを活性化させるポイント、大陵がある。このムドラは、手首と前腕の骨に内部エネルギーをもたらす。そこで振動が起こるのが感じられる。ここでも、開始フォームと終了フォームを交互に11回繰り返し、12回目の終了フォームでその形を維持したまま、エネルギーのスムーズな流れが全身を伝うのを感

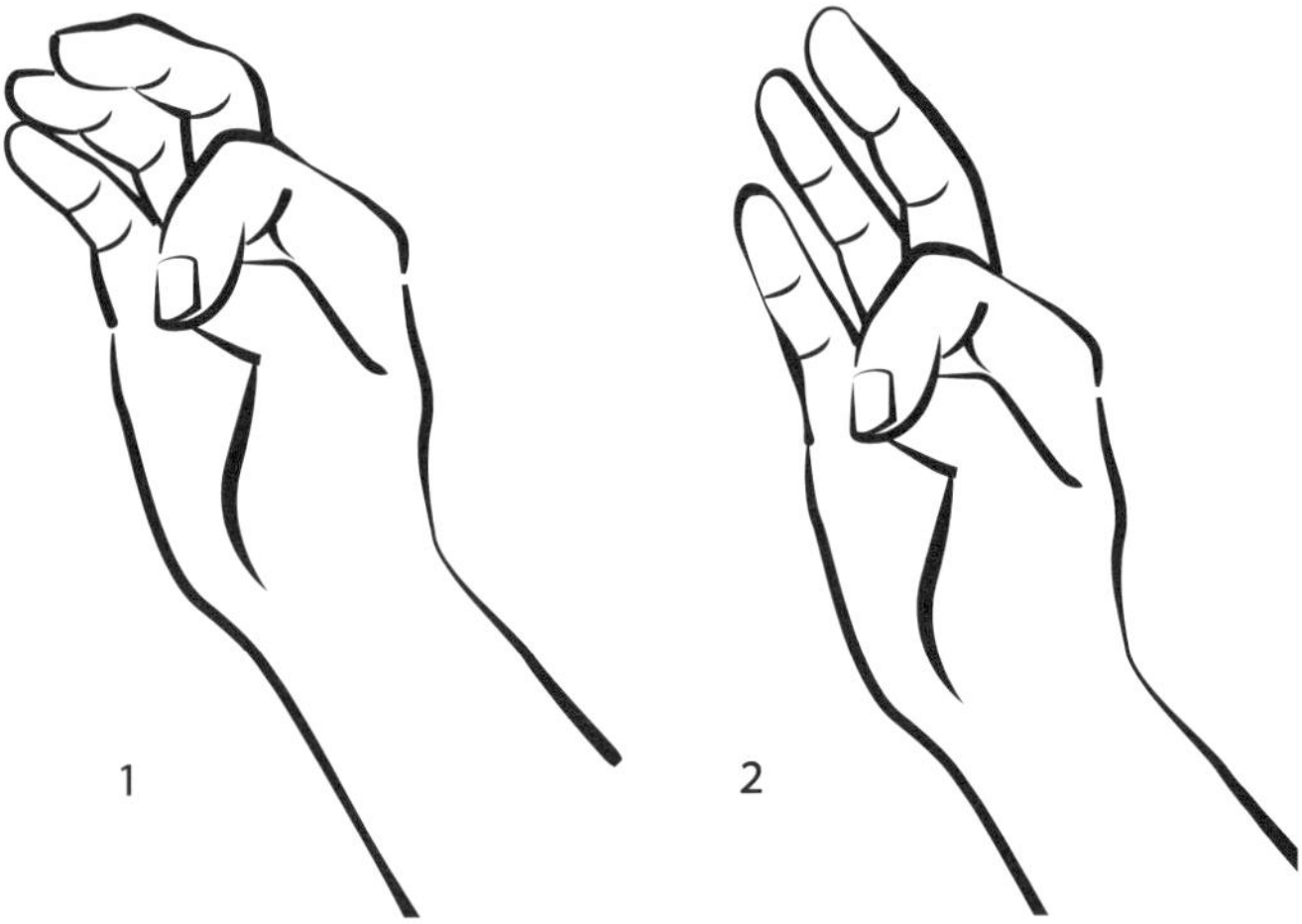

EM ④。ＥＭ①に似ているが、さらに強度が高い。

じよう。

ＥＭ⑤は、武術向きの非常にパワフルなエネルギーを実感する。開始フォームは小指以外の全ての指をカールさせて、親指で閉じるように手をすぼめる。全ての指に力を入れない。終了フォームはこの形を維持したまま、小指だけ軽く伸ばす。その瞬間にパワーが発生する。

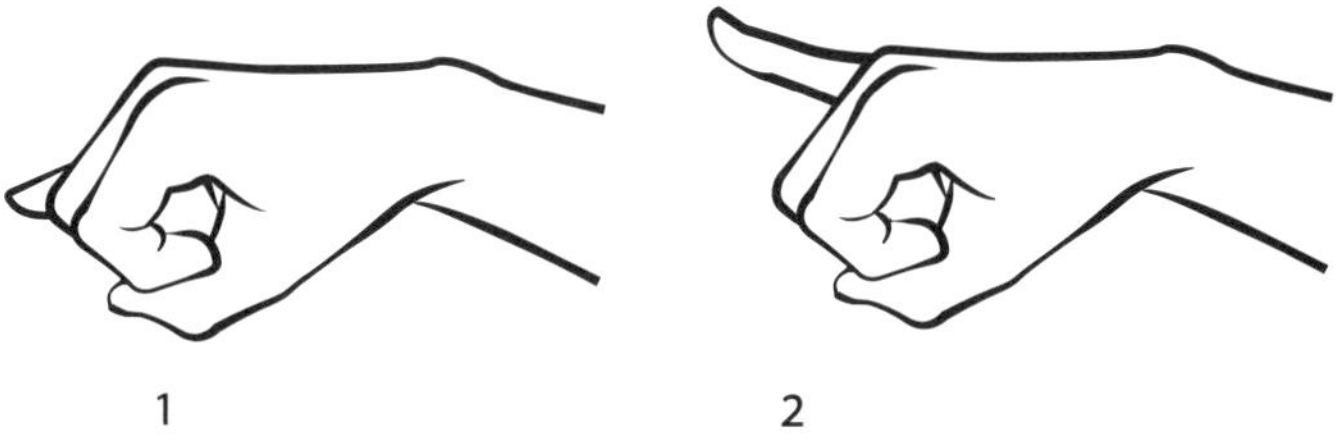

EM ⑤。非常にパワフルなエネルギーを実感できる。

ＥＭ⑥は、拳を作るように指を曲げるが、硬く完璧に閉じず、親指は自然に立たせておく。終了フォームは閉じた指を固くし、親指を柔らかく上に伸ばす。この時、胴体から足にかけてエネルギーが流れるのがわかる。

次のムドラドリルに進む前に、ＥＭ⑤とＥＭ⑥をもう一度詳しく復習しよう。

ＥＭ⑤ではセスタス部の外側（肘から小指にかけて）にエネルギーが流れ、点灯が起こった感覚を持つ。これは、第3章の「エレクトリック・レッグ」と「静止の空手チョップ」で説明した三体式のポーズで得られるエネルギー効果を、はっきりと確かめる方法の1つだ。その時と同様に、エネルギーがその経路をスムーズな大きな川の流れとなって進んで

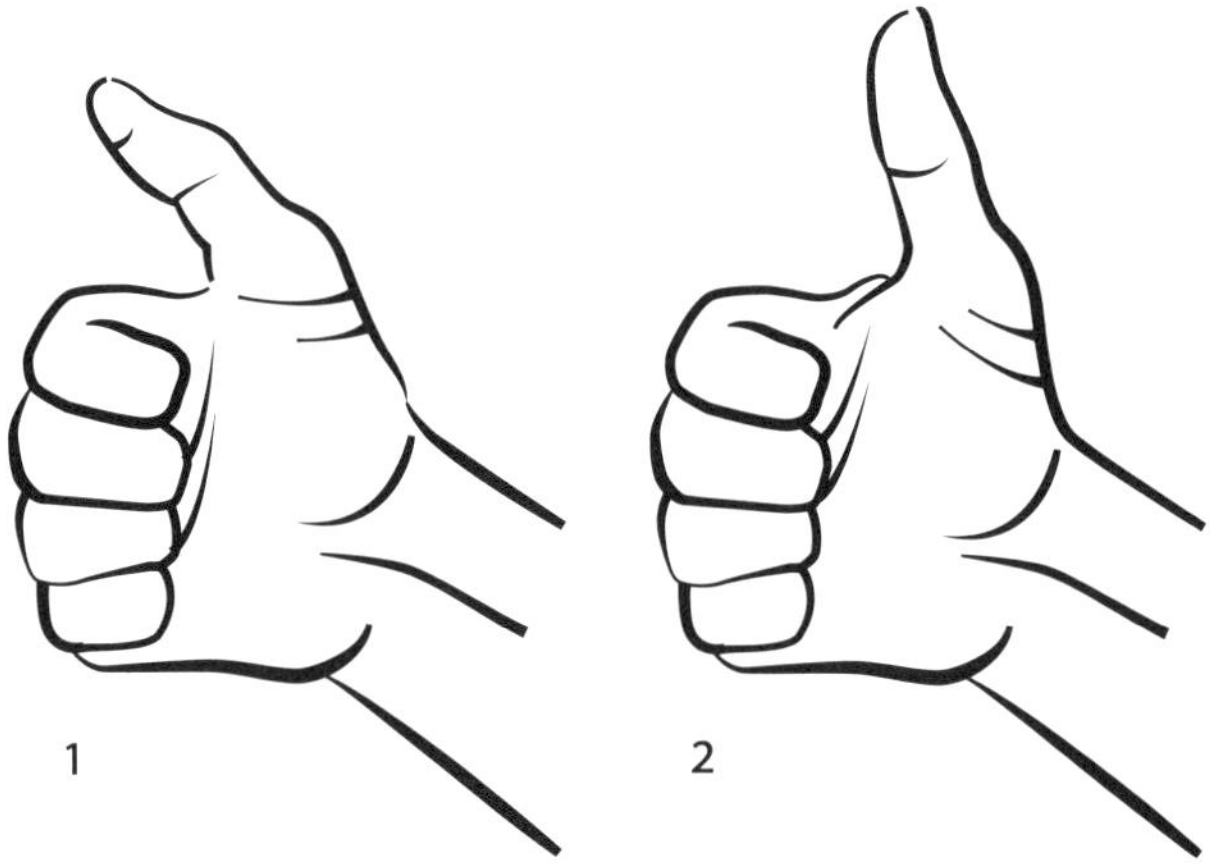

EM ⑥。胴体から足にかけて、エネルギーが流れる。

いく。そしてEM⑤を使って、その流れを強くしたりコントロールしたりできるのだ。エネルギーの流れはさらに進み、手を満たした後、経路を戻ってくる。両手隅々まで行きわたり、虎の口が点灯し、セスタスの内側を通って経路を戻っていく。

EM⑥は、経路を逆方向に向かうエネルギーの訓練となる。形意拳の古い文書に書かれているような極めて強い内部エネルギーの流れが、実際に体に起こり、はっきりとした感覚を残す。

三体式のポーズを取る時にセスタスの内側と外側を流れるエネルギーは、EM⑤とEM⑥で経験できるが、その様子を下のイメージ画像で示そう。

これは、手がスーパーチャージする初期段階で非常に重要な現象だ。ドリルを何度も重ねると、体全体が内部エネルギーで飽和状態となる。その元となるのが、セスタス部分で起こ

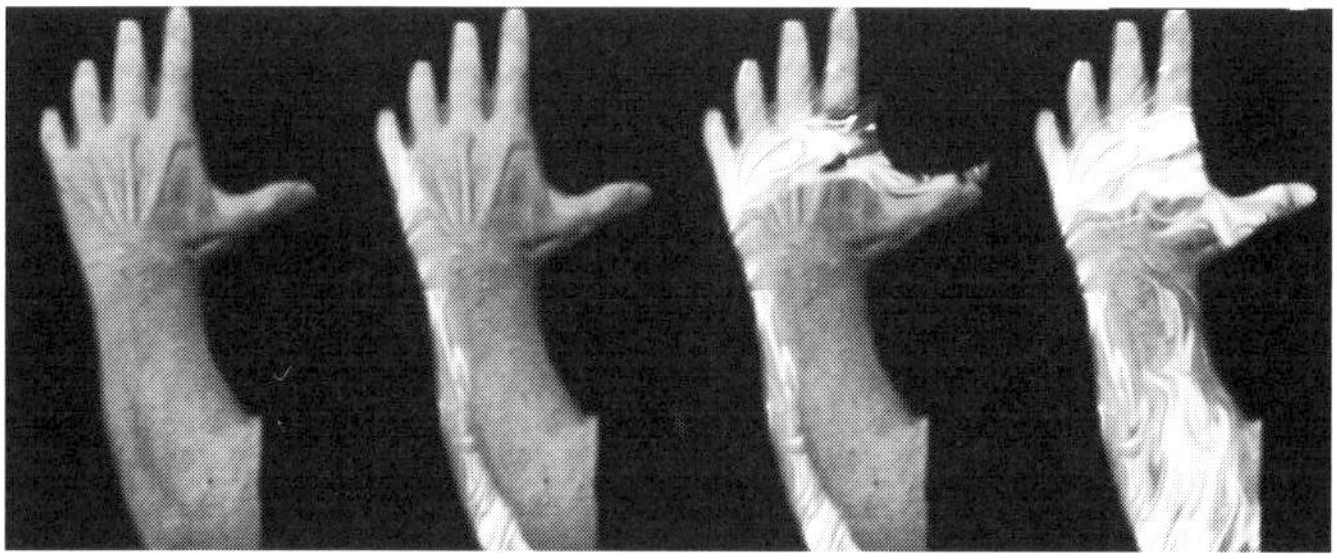

エネルギーがセスタス部の外側を流れ、手全体を覆って内側を通って戻っていく。

るエネルギーの流れである。

EM⑦の開始フォームは、人差し指を親指の付け根につけ、親指の先を中指の第一関節につける。薬指と小指は軽く伸ばす。最終フォームは、開始フォームの状態から小指と薬指をピンと張り、外側へ広げるようにする。

このドリルは両手をウエストの位置に置き、手のひらを上に向けて練習する。その際、肩がこわばらないように、手を外側に張り出さないように注意しよう。EM⑤と同様に、セスタス部の外側から小指にかけて驚くほどのパワーが起こる。

EM⑧は、EM⑦の逆の形を取る。小指と薬指と中指を親指で包む。その形を維持した

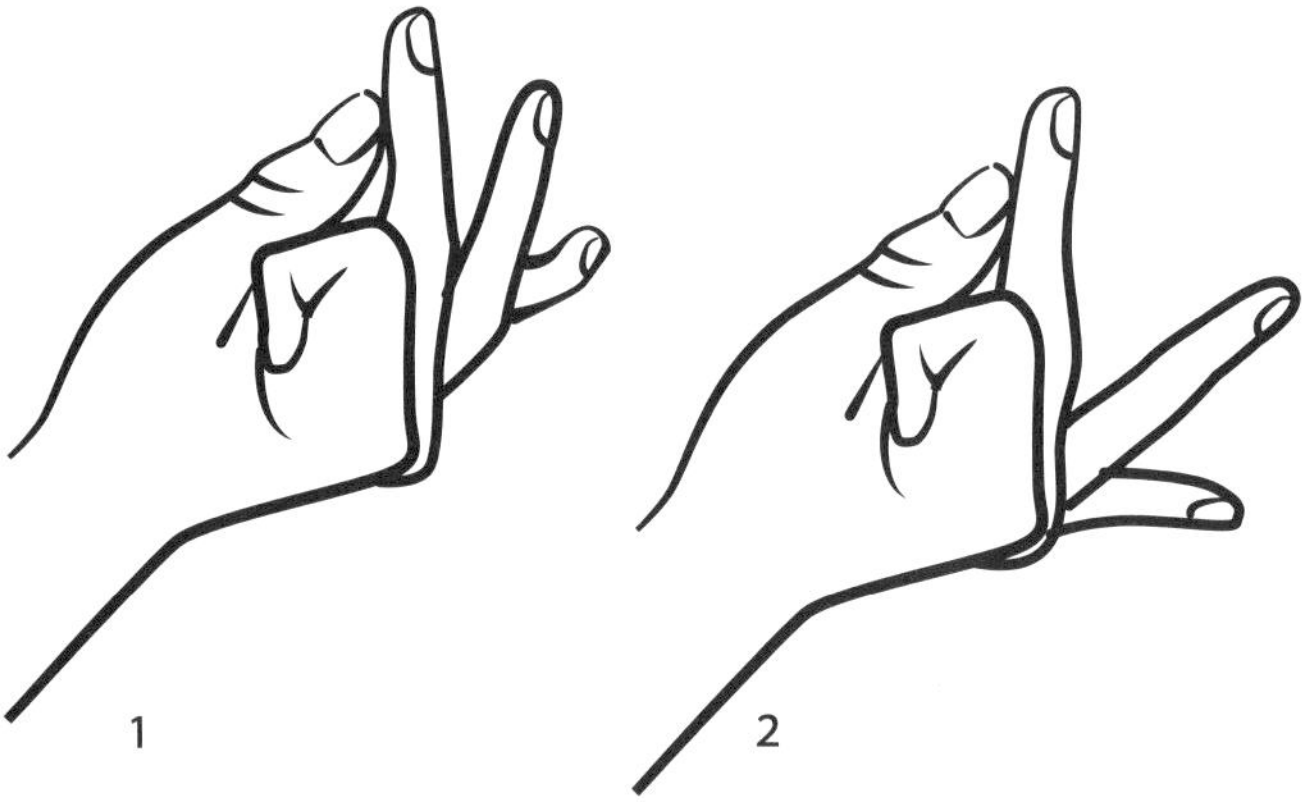

EM⑦。このムドラも、セスタス部の外側から小指にかけて絶大なパワーが起こる。

まま、人指し指を伸ばし気味（開始フォーム）にしたり、曲げたりする（終了フォーム）。このドリルでは、終了フォームでエネルギーが波モードからスムーズな流れモードに変化する時に、人指し指を単に曲げるのではなく、最初に伸ばしてから大きく引き込むように曲げる。そうすると、エネルギーのスムーズな流れが曲げた指にも伝う。小さな指の曲げで巨大なエネルギーの流れを体全体に生じさせるのは、本当に驚きだ。

ＥＭ⑧では、セスタス部分から仙骨の方へとエネルギーが反響するのが感じられる。ムドラドリルはどれも強力なエネルギー体験をもたらすが、私にはＥＭ⑧が最強のドリルだ。しかし、ドリルは順番通りに練習しよう。ゆっくりとパーツに注意を払い、リラックスして

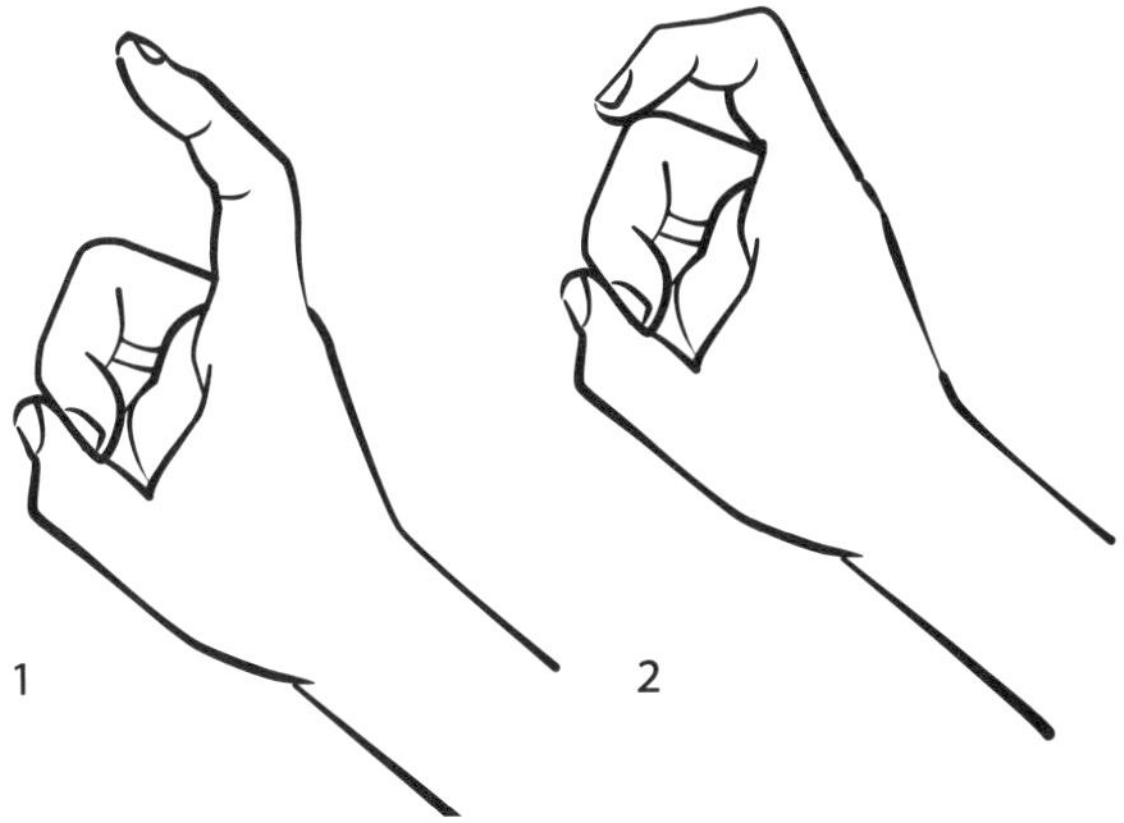

EM ⑧。最強のエネルギー体験をもたらす、ムドラドリルだ。

慎重に行うのが大切である。そうでなければ何も生まれない。

ＥＭ⑨では、中指と親指の先をつける。開始フォームではその他の指を広げて伸ばし、終了フォームではそれらの指を曲げる。終了フォームで３本の指を曲げたまま動かずにいると、絶え間なく流れるエネルギーが体を覆う。

ＥＭ⑩は、３本の指で作るピースサインだ。開始フォームは、親指の腹で小指の爪を抑える。残り３本の指は、柔らかく自然な状態を保つ。終了フォームは、親指と小指以外を軽く上に伸ばす。２つのフォームを交互に繰り返す。最良の効果を出すには、手のひらを外

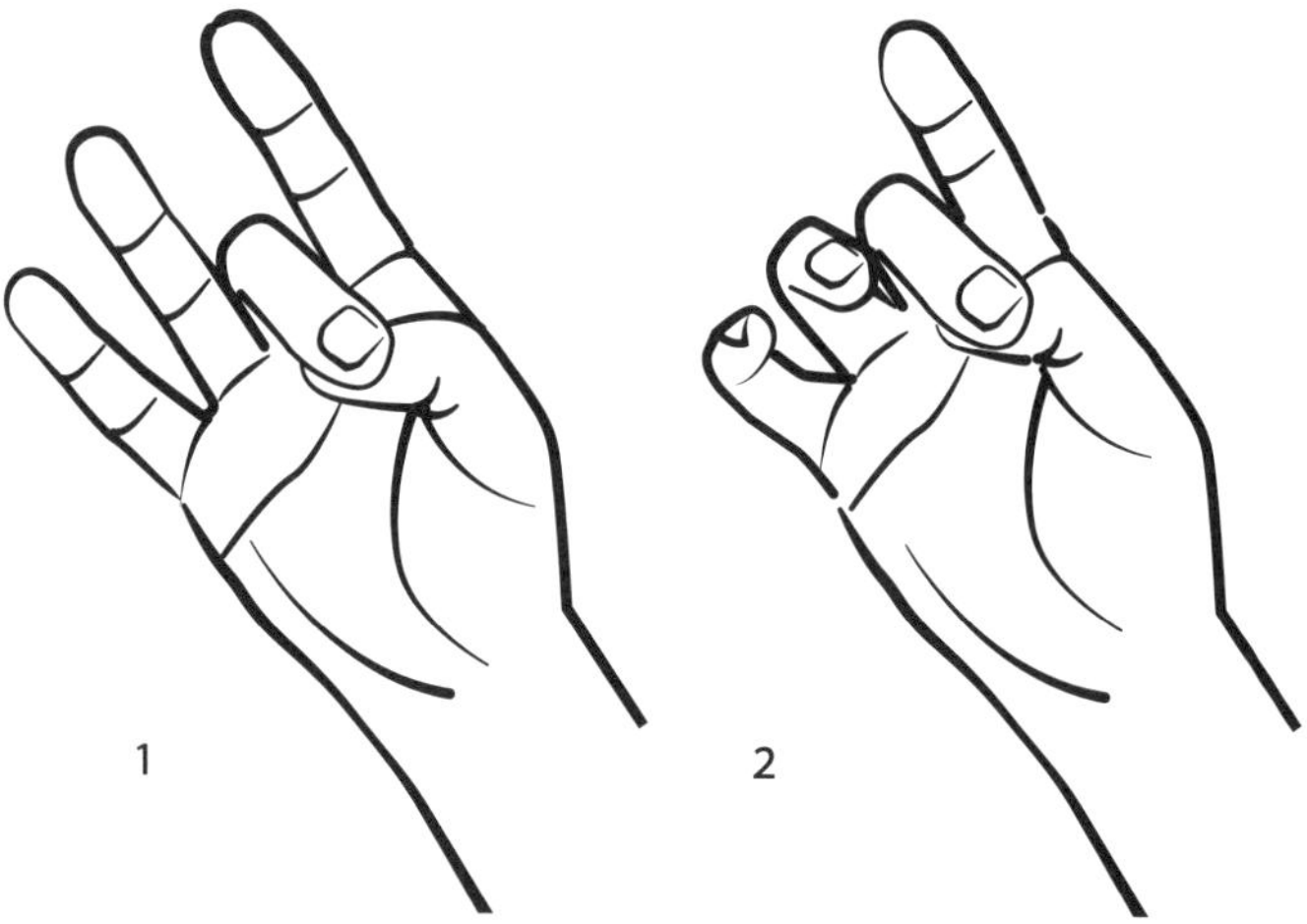

EM ⑨。絶え間なく流れるエネルギーが、体を覆う。

側に向けて行うといい。これまでのドリル同様に、12回目の終了フォームで形を維持したままエネルギーが起きるのを実感する。

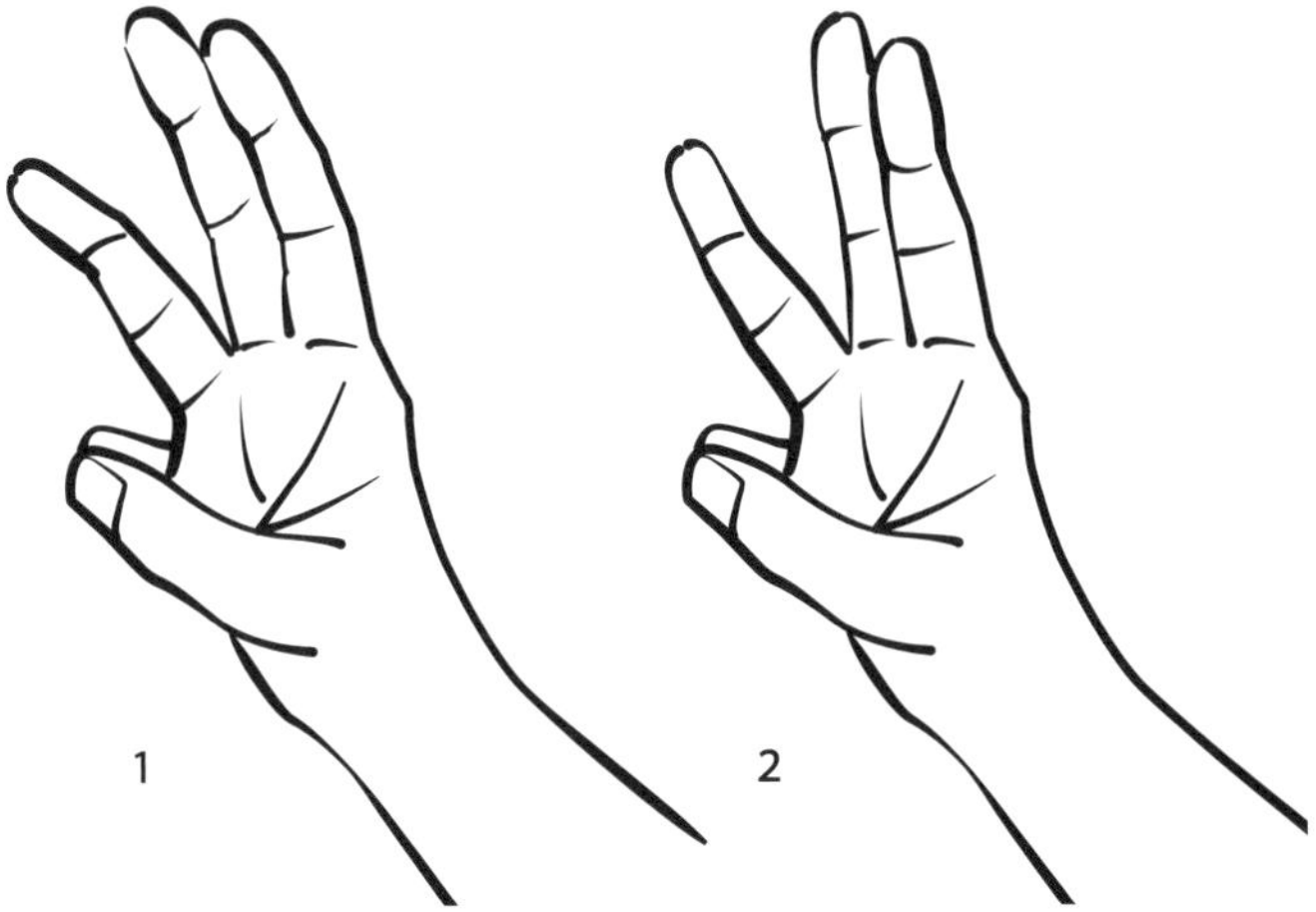

EM ⑩。３本の指で作るピースサインのような形。

○ダブルハンド・ムドラ

　これまでのシングルハンド・ムドラのドリルでエネルギーのスムーズな流れが起こったら、ダブルハンドムドラのドリルに移る。両手を組んだり合わせたりしないシングルハンド・ムドラに対して、ダブルハンド・ムドラは両手を接触させて行うドリルだ。これらも先のドリル同様に、タグと番号を振って説明しよう。ここでのタグはＥＭＤ。Energy Mudra Double（エネルギー・ムドラ・ダブル）の略称である。ここで紹介する形も東洋の精神学や演武などで広く見られるものだが、元来意図された目的とは別の意味合いを持たせてドリルを紹介しよう。

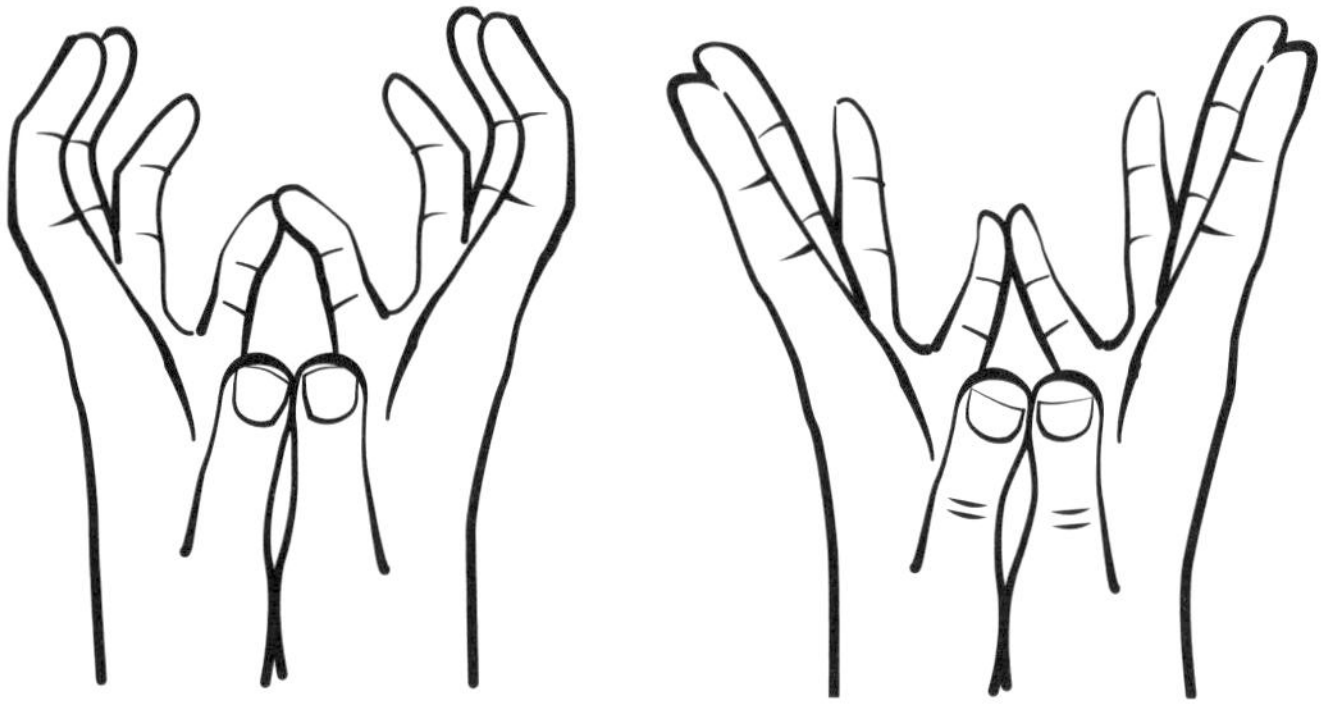

1　2

EMD ①。花のような形を作り、エネルギーの波を起こす。

ＥＭＤ①は、花のような形を作る。両手を手首で合わせ、親指と小指同士をつけて開始。終了フォームでは他の指をそれぞれ離して上に伸ばす。緩める伸ばすを繰り返し行う。エネルギーの波がセスタス部に起こる。

ＥＭＤ②では、両手で柔らかい拳を作り合わせる。このドリルは、合わせた両拳の接触の強さが鍵となる。開始フォームでは合わさった拳に90グラム程度の圧力をかけ、終了フォームではそれを１２０グラムの圧力にする。それを交互に行う。強い力をかけずに、両拳が互いに圧力をかけ合う。また左右に押し合ってもいい（下図では、左の拳に圧力がかかっている）。肘の方へ強固な内部エネルギーが満ちていく。

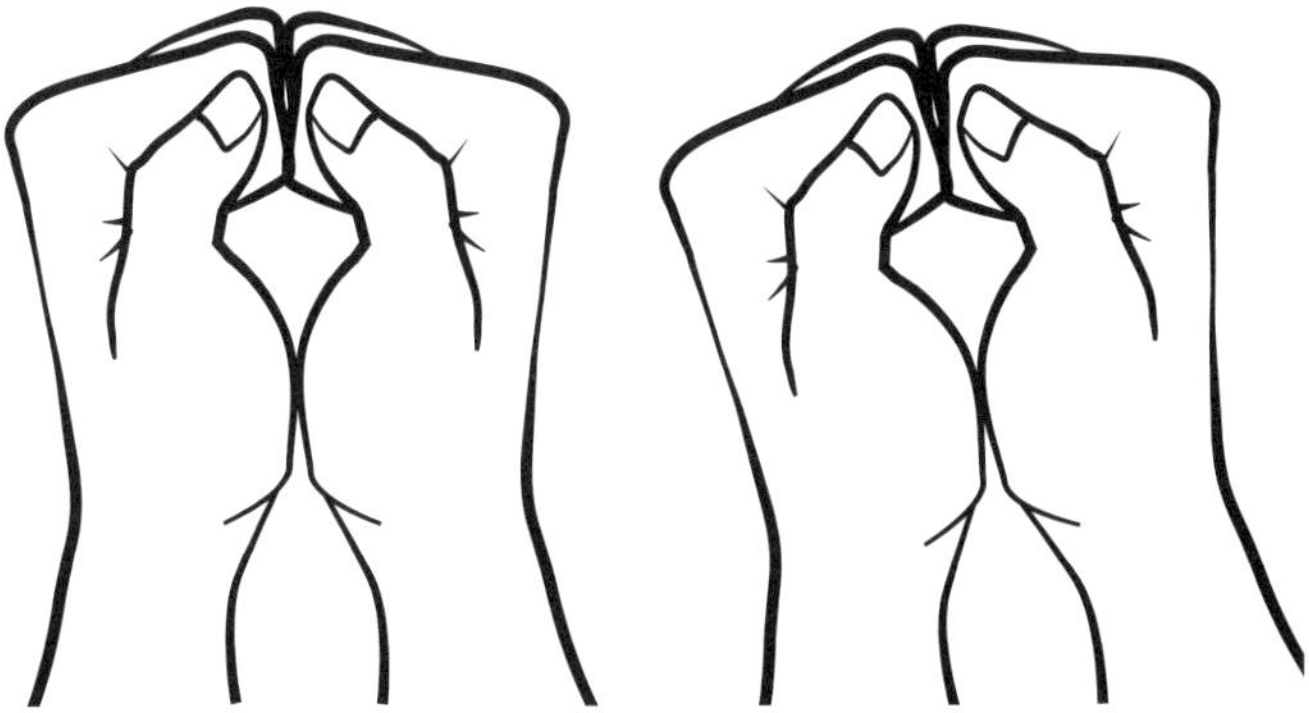

1　　2

EMD ②。両拳を合わせて圧力をかける。この図では、左の拳に圧力をかけている。

ＥＭＤ③は、片方の手をＥＭＤ②で作った拳にする。拳を作った方の前腕を立てて、その肘をもう片方の手のひらの上にのせる。この形は、金雞獨立プロトコルの最初の形（膝が肘を支える）に呼応する。膝が肘をサポートする代わりに、ここでは片方の手のひらがもう片方の肘を支える。拳を作った側の肘を完全にもう片方の手のひらの上に預け、肩の力を抜いてリラックスする。終了フォームでは、支えている手のひらに預けた拳の腕を徐々に独立させていく。つまり、手のひらに重みをかけないようにしていく。虚実の違いがはっきりと体感できる、面白いドリルだ。腕全体に広がる内部エネルギーが、さらにその強度を増す。

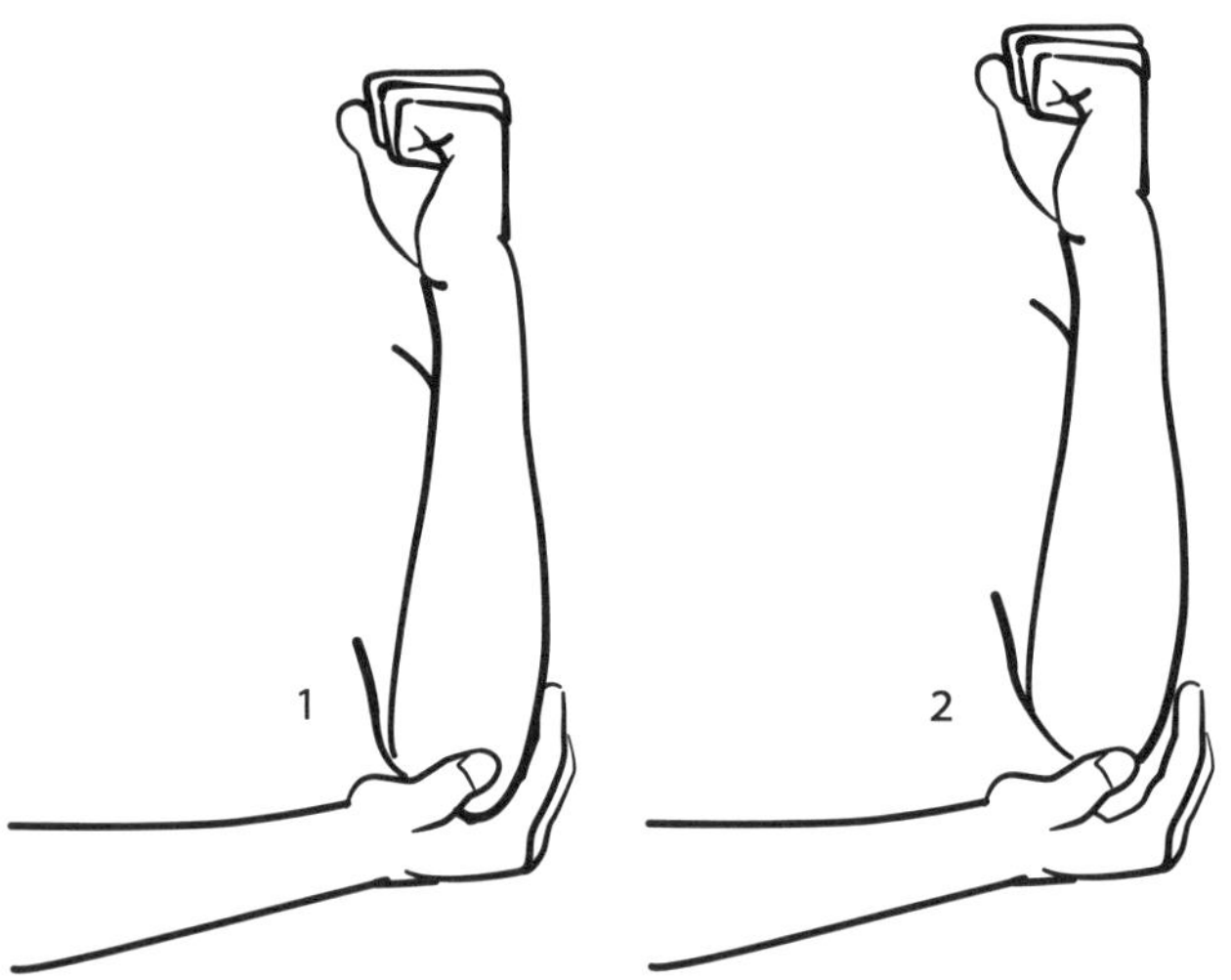

EMD ③。立てた前腕の重みを、もう片方の手のひらに預けたり、重みを解放したりする。

ＥＭＤ④は、ＥＭＤ②と似たドリルだ。違いは、拳を強固にして人差し指と中指の第三関節同士を合わせ、圧をかけ合うところだ。90グラム程度の圧ではじめ、１２０グラム程度の圧で終わる。これを繰り返し行う。

1

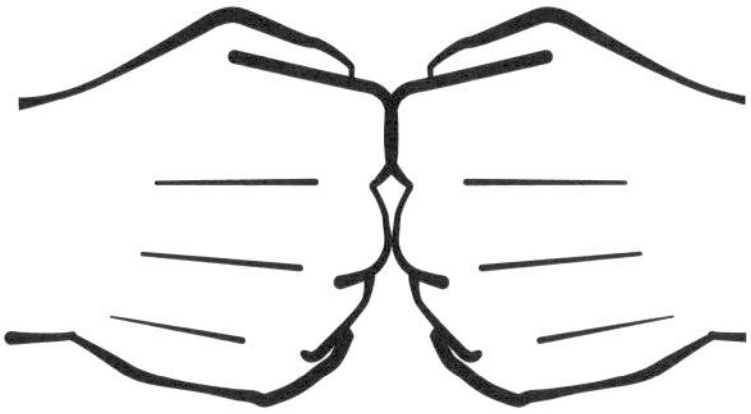

2

EMD ④。両拳の拳頭（人差し指と中指の第三関節）を合わせ、圧力をかける。この図では、左の拳に圧力をかけている。

ＥＭＤ⑤は、一番複雑な形になる。片方の手の親指と薬指と小指で輪を作り、人差し指と中指は軽く伸ばす。作った輪の中にもう片方の手の親指を入れ、残りの指は自然に最初の手の甲を柔らかく包む。開始フォームでは指全体をまっすぐにし、終了フォームではリラックスさせる。それを繰り返す。人差し指と中指は、常に上に伸びた状態を保つ。

ＥＭＤ⑥は、小指、薬指、中指を手のひらの方に曲げ、親指でそれらの爪を押さえる。伸ばした人差し指をもう一方の手で包むのだが、その時、人差し指の爪の生え際を親指で押さえるようにする。開始フォームでは包んでいる方の手の親指には力を入れず、終了フォームでは包んでいる親指で人指し指に圧

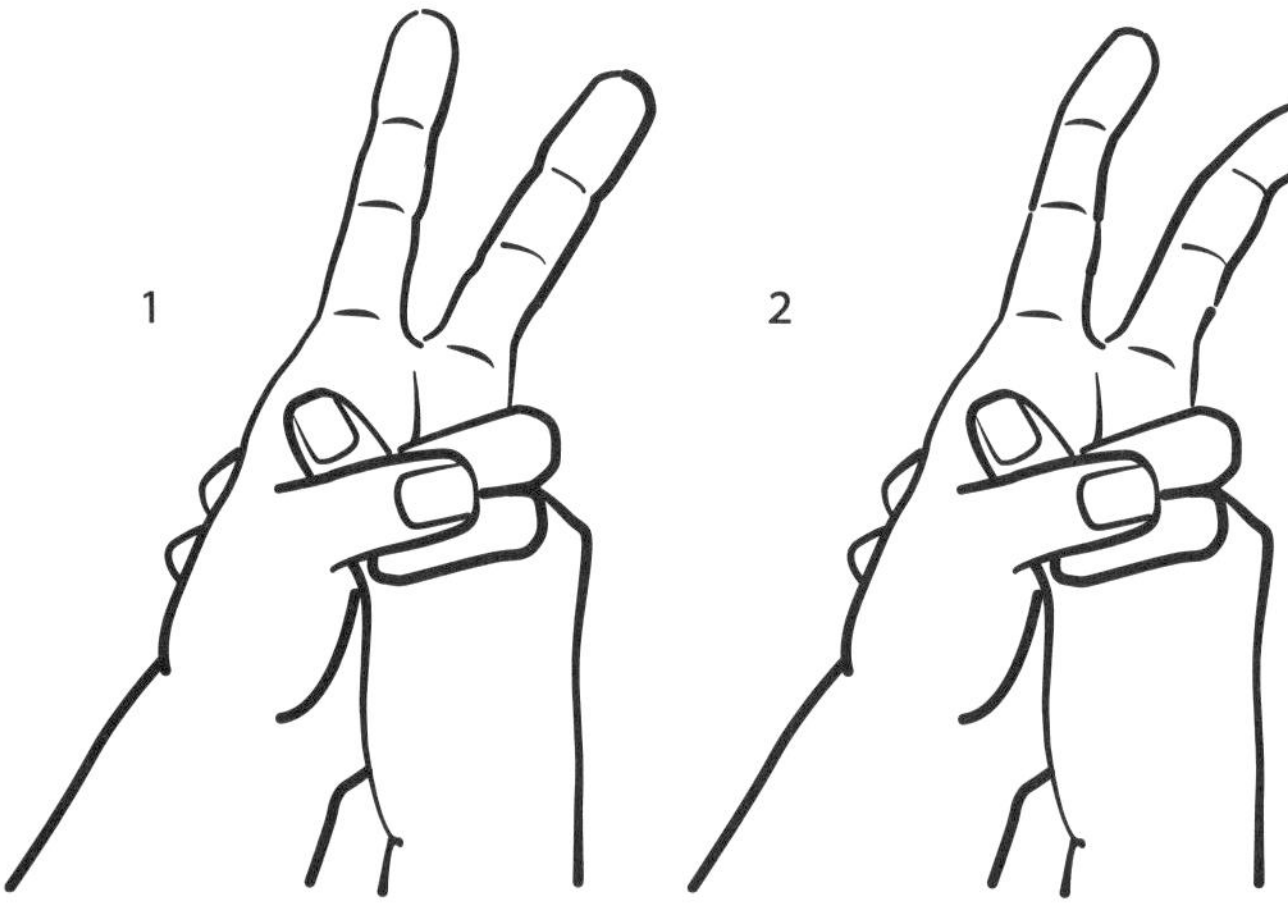

EMD ⑤。一番複雑な形のムドラである。

力をかける。少しの変化だが、体の奥からセスタス部分へのエネルギーの振動は巨大だ。

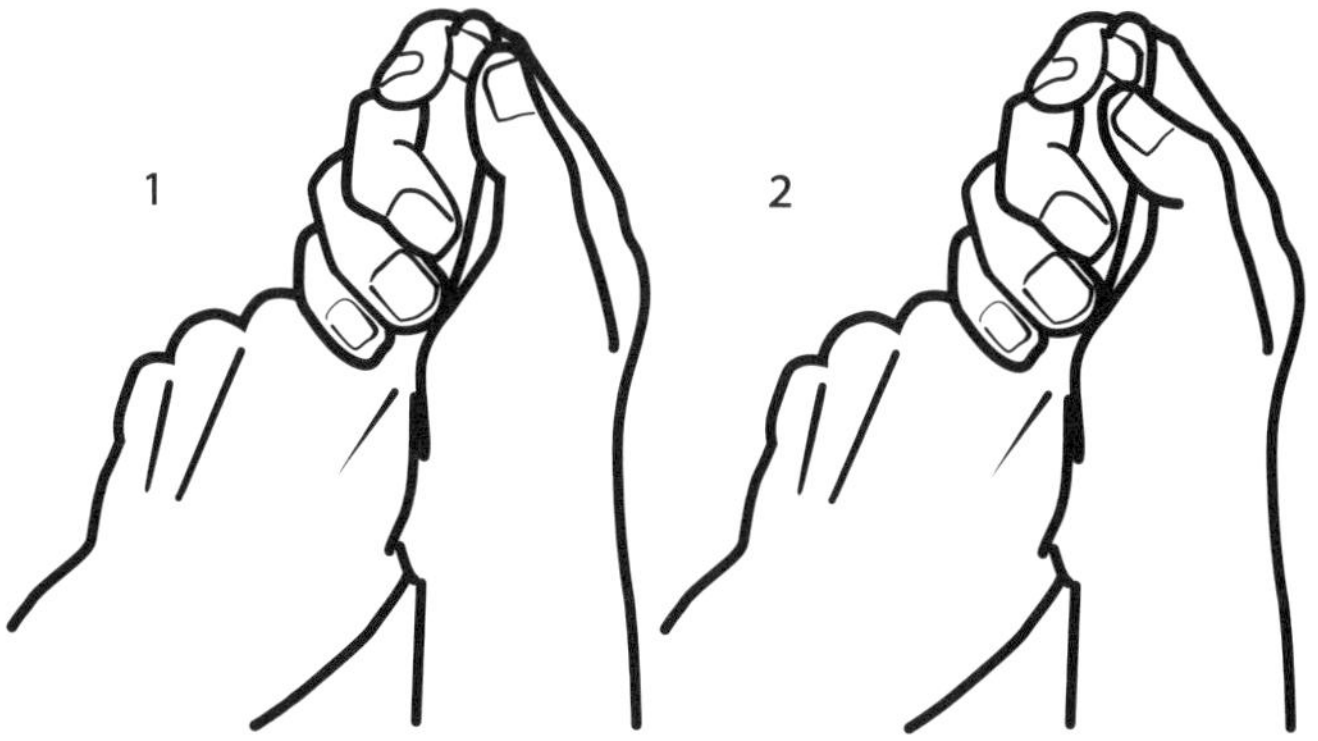

EMD ⑥。伸ばした人差し指の爪の生え際を、もう一方の手の親指で押さえる。

ＥＭＤ⑦が、最後のムドラドリルとなる。左右のセスタス部分をそれぞれ走るエネルギーの流れを結合して、途切れのない1つのエネルギーに変化させるドリルである。

やり方は、片方の手のひらの上にもう片方の手の甲を休める。どちらの手が上か下かにこだわる先生もいるが、この場合はどちらでもいい。要は両手が合わさった時に、左右のセスタス部をそれぞれに流れてきたエネルギーが合わさり、嵩を増して強化することだ。

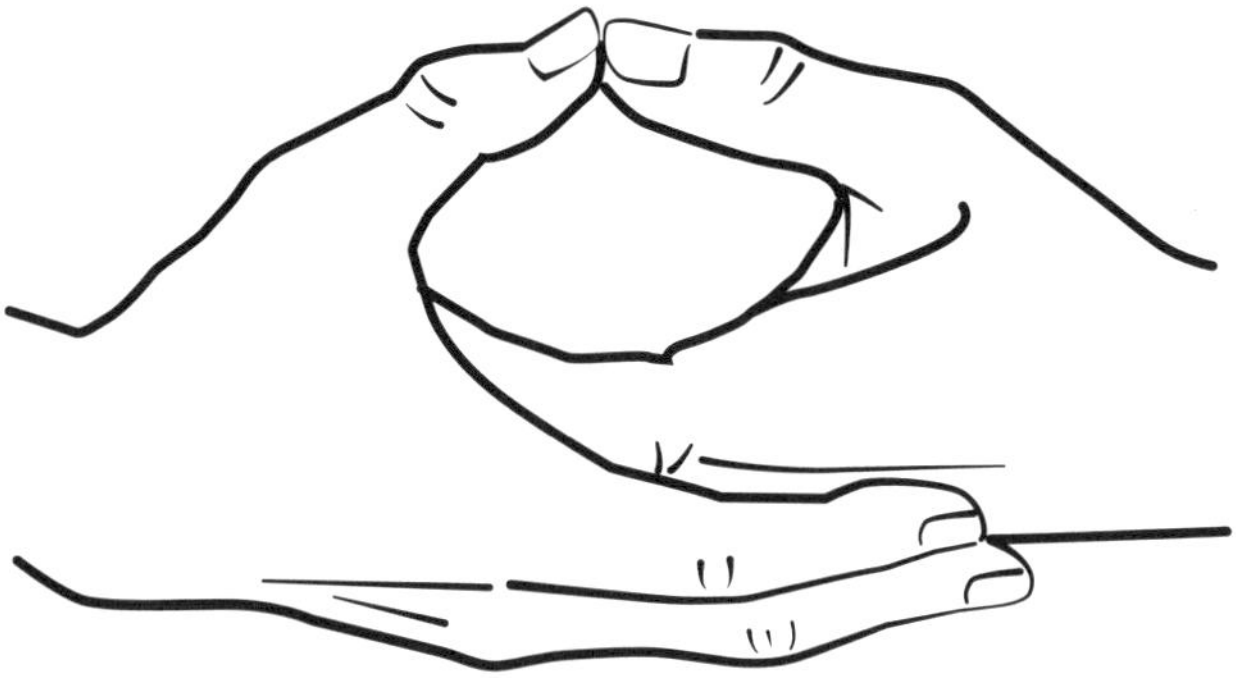

EMD ⑦。左右のセスタス部、それぞれのエネルギーが合わさり、嵩を増す。

◎武具を使ったドリル

さあ、エネルギーの修行をさらに続けよう。道具を使うと両手に起こるエネルギーチャージが飛躍的に伸び、より顕著に実感できる。植芝盛平、山岡鉄舟、鄭曼青などの達人たちが、剣や棍棒を使ってエネルギー養成の修行をした理由がそこにある。

道具を使うと訓練の幅が広がり面白みも出る一方で、内部エネルギーの鍛練にもかかわらず演武やスポーツ競技あるいは歴史的な人物の真似事などファンタジーの世界に陥ってしまい、本来の目的から脱線してしまう傾向がある。この章ではそのような幻想妄想を一刀両断して、本書の目的に100パーセント焦点を当てよう。道具を使った訓練を通して、両手に内部パワーの大地震を起こすことこそ本来の目的である。

○棒

私の形意拳の著書で、先細の中国の長棍を使ったエネルギードリルをいくつか紹介したが、それらは全て、純粋にエネルギー養成に必要な属性を高める訓練だ。中国の武術にはいろいろな種類の棒を使ったドリルがたくさん存在し、先の書で紹介したドリルに比べ、格闘の要素を強く含むものもいくつかある。

本書は両手を内部エネルギーで満タンにする方法に焦点を置き、その技術をいろいろな分野で使えるようにするものだ。その目的に適った棍棒ドリルのセットを紹介しよう。

これらのドリルは、中国の意拳の基本技術が基になっている。私は意拳の認定指導員ではないが、意拳のマスターの下、北京で数か月その訓練を受けたことがある。ここで紹介するドリルは、北京時代に私が受けた訓練からヒントを得て、私なりに考案したものだ。意拳に興味がある場合は、北京で集中的な訓練を受けることを勧める。意拳についてこれ以上私が詳しく述べることはないが、ここで紹介するドリルがその時の意拳の訓練にヒントを得ていることを付け加えておきたい。

道具は標準的な中国の長棍を使う。自身の身長よりも長いものが良い。私は先細の長棍を使うことが多い。どんな棒でも、これらの特徴を満たしていればいい。長棍のしなり具合は、それほど気にする必要はない。胴体、腕を使って棒の先端を揺らしたりする練習ではないのだ。純粋に手をチャージすることを目的とした、内部エネルギーのドリルである。動きはスロー。このドリルから、真の内部エネルギーを他の分野にも応用できるようにするのが目的である。物理的に長棍を揺らすことが目的では決してない。

・握り

握りは重要だ。右手で長棍の基底部を握るのが一般的な方法である。まずはその握り方で始めよう。写真のように、長棍の基底部に手のひらをしっかりと固定し、人指し指を長棍の上で伸ばし、他の指を長棍に巻きつける。

準備姿勢では手のひらを下に向け、技のかけ終わりでは手のひらが上を向く。

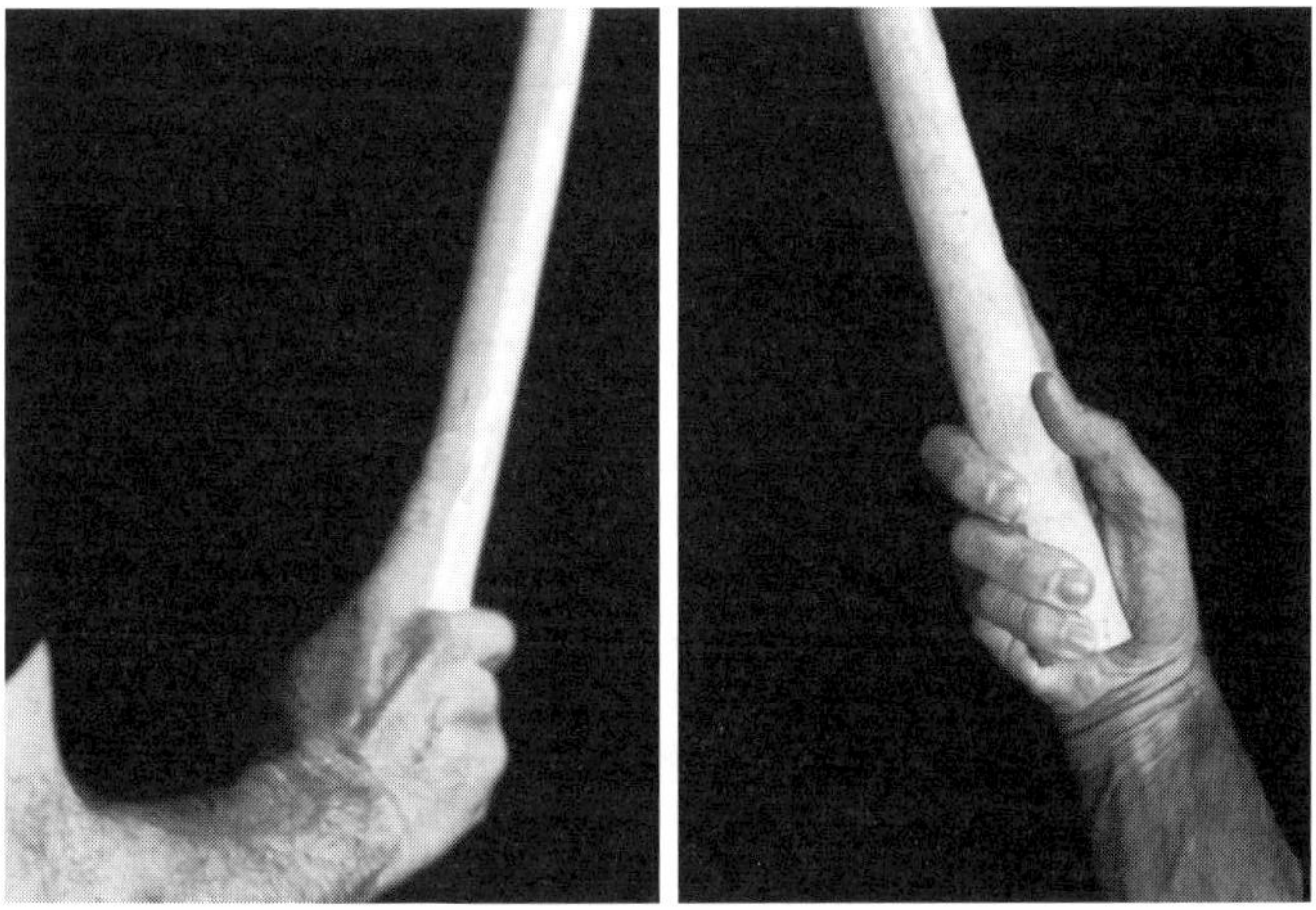

右手の握り方。開始時と終了時の手の位置（注意：説明のために、手を体から離して示している。実際の手と体の距離は、本文を参照）。

準備姿勢では長棍を握った右手を右の腰骨の下、体の少し外側に置く。技の終わりは右手が回転して、右の腰骨より上やや内側にくる。

準備姿勢での左手は、長棍の基底部から肩幅分上の位置で、手のひらを上にして長棍を握る。技の最後では時計回りに手を回転させて、手のひらを下向きにする。

・基本の動きのパターン

長棍の最も基本的な動き（技）は、「前方に刺すように突く（後方に戻る）」「下方にターゲットを叩き付ける（上方に戻る）」「左右側方にターゲットを払う」の3通りある。これらはオフィシャルな名称ではないが、本書で

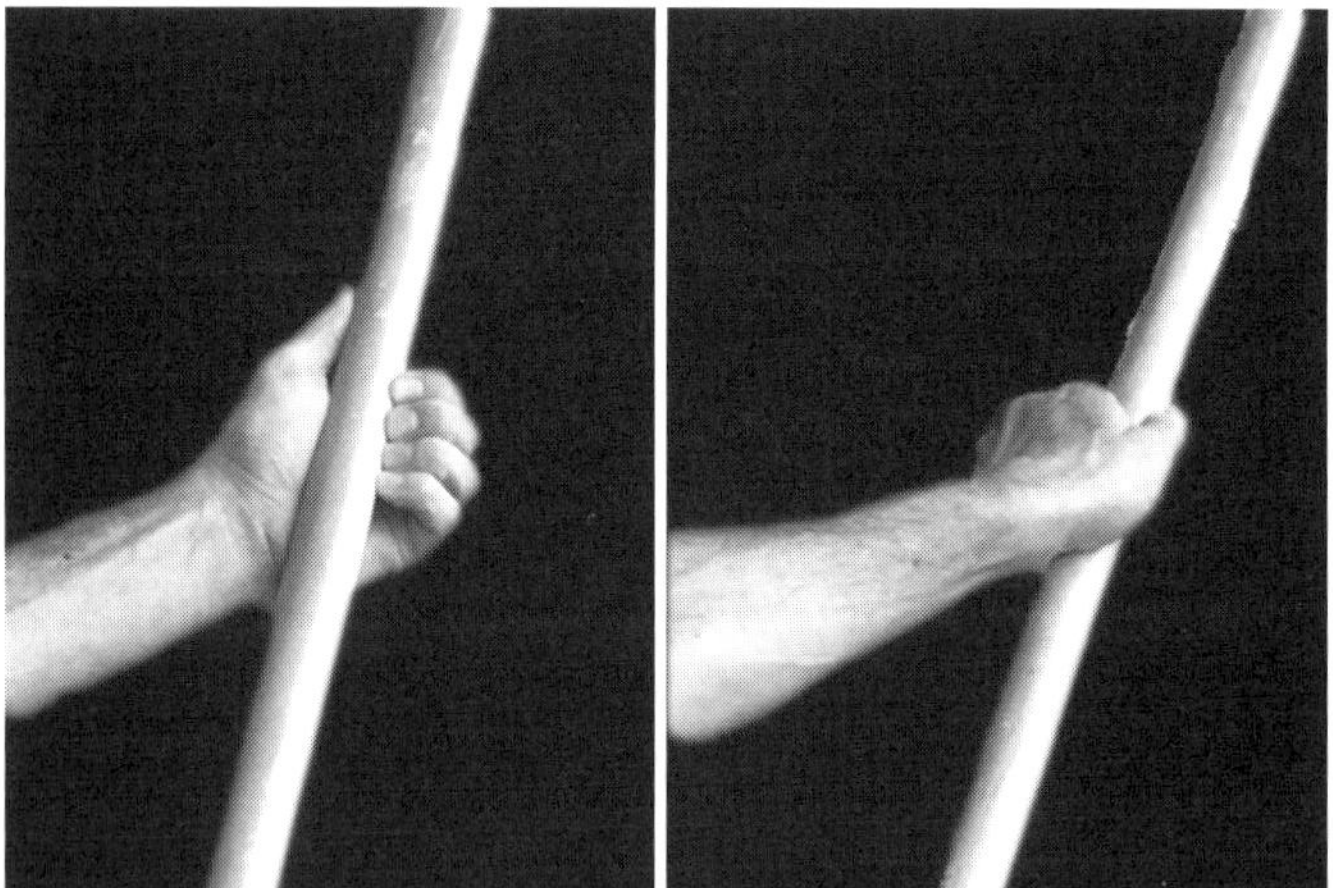

左手の握り方。手のひらを上に向けて開始。技の終わりで手のひらを下に向ける。

説明するには十分だと思う。実際の格闘での使われ方や、その歴史的背景が問題ではない。これらの動きは、棍棒を持った相手と対峙するための手段として考案されたもので、主に相手の棍棒を自分の顔から遠ざけ、相手を攻撃できるようにすることを目的としている。

基本の動きを1つ1つ詳細に見ると、非常に複雑である。技ごとに長棍を出す方向が定められているが、一方向だけではない。メインとなる方向に加え、マイナーモードとしてそれ以外の2つの方向も加味される。まとめると次の通りである。

①刺すように突く（主な方向は前後。マイナーモードの方向として上下と左右）
②下に叩きつける（主な方向は上下。マイナーモードとして前後と左右）
③水平に払う　（主な方向は左右。マイナーモードとして前後と上下）

一般的に意拳では、棍棒ワークに限らずこれらの3つの技が基本だが、その基本に無限の方向性が組み合わされ多様化している。本書では意拳の技を材料に、内部エネルギーの鍛錬術をより深く面白みを加味して紹介するので、意拳の技の詳細について触れるつもりはない。ここで紹介する技は、ドリルの土台となるメカニカルなものである。

〈免責〉

私が本書で紹介する意拳の構造的な面や後に紹介する内部エネルギーに関して、意拳の専門家の方々から承認あるいは同意を得ているものではないことを断っておきたい。実際に指導をいただいた私の意拳の先生は、伝統的な中国の気や内部エネルギーを完全に否定していた。しかしここでは、スタイルや有名な先生たちの考え方にとらわれない。目的は内部エネルギーの鍛錬法のみである。私が習った形意拳には棍棒の技が多くあり、歴史的に見て意拳の技術が形意拳から派生したのは明らかである。ただ、形意拳の棍棒術は、ここで説明するものよりも複雑である。基本的なエネルギー養成のためのドリルとして、意拳のシンプルな動きを取り入れたい。

すべての長棍ドリルに共通しているのは、それがどのような技であろうとも、棍棒を握る両手を同時に時計回りに捻ることだ。一般的に長棍の基底部を持つのは右手、長棍の基底部から肩幅分上の位置を握るのは左手で、その位置で両手を同時に回転する。そうすることで、技をスムーズに繰り出せる。回転前は基底部を握る右の手のひらが下向き、上を握る左手のひらが上向き。回転後つまり技を繰り出した後は、その向きが両方とも逆さになる。また元の位置に戻る際には、両手とも逆捻りをする。長棍の回転は、各ドリルに4番目の（最後の）次元を加えるものだ。3つの次元は先に説明したとおり、長棍を出す方向である。それに加えて、回転が最後の要素となる。出す方向に限らず長棍を外に押し出す時は、前足の方向にウエストを捻り、押し出した後は逆に捻って元の位置に戻る。ウエストと下腹は、ドリル中リラックスさせておく。

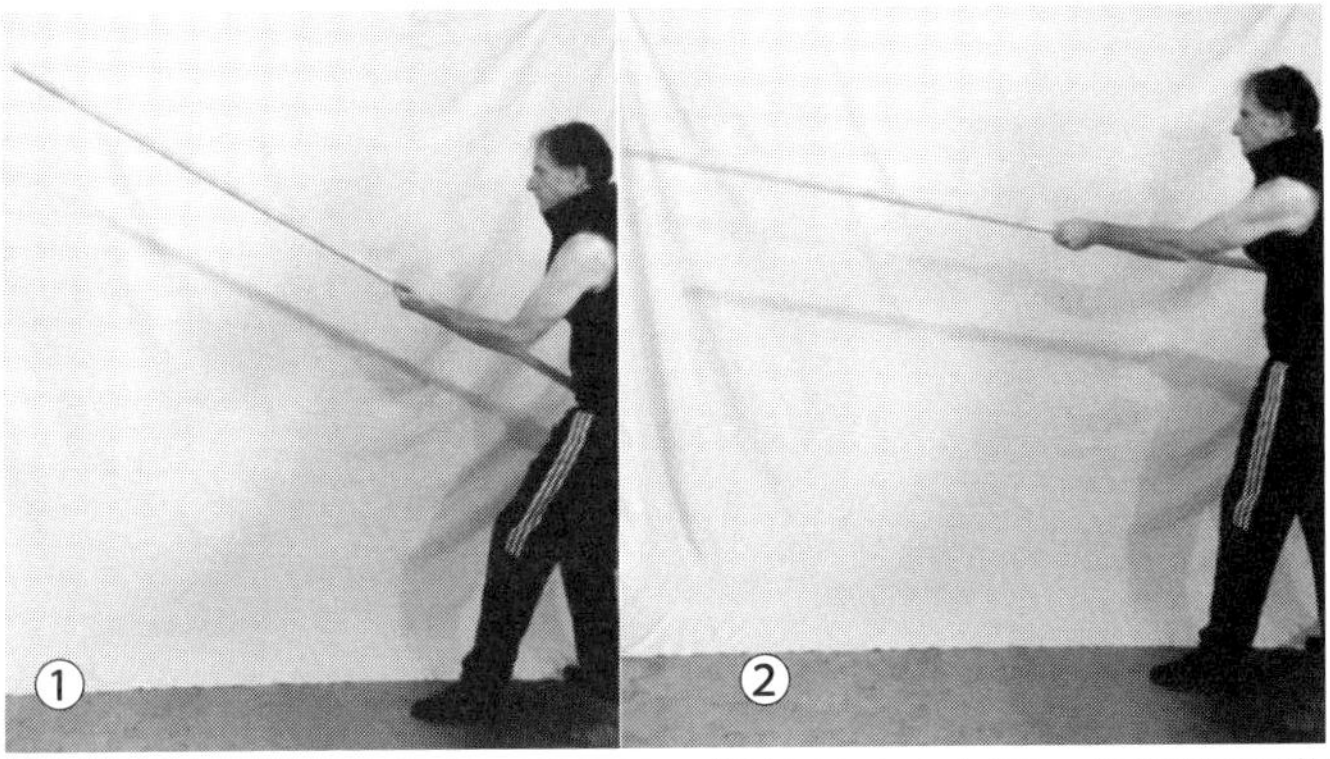

前方に刺すように突く（マイナーモードは下方向と水平）。体重を両足均等にかけ、長棍を回転させながら前に突く。その後、突いた軌道を戻り、体重を後足７割、前足３割に戻す。

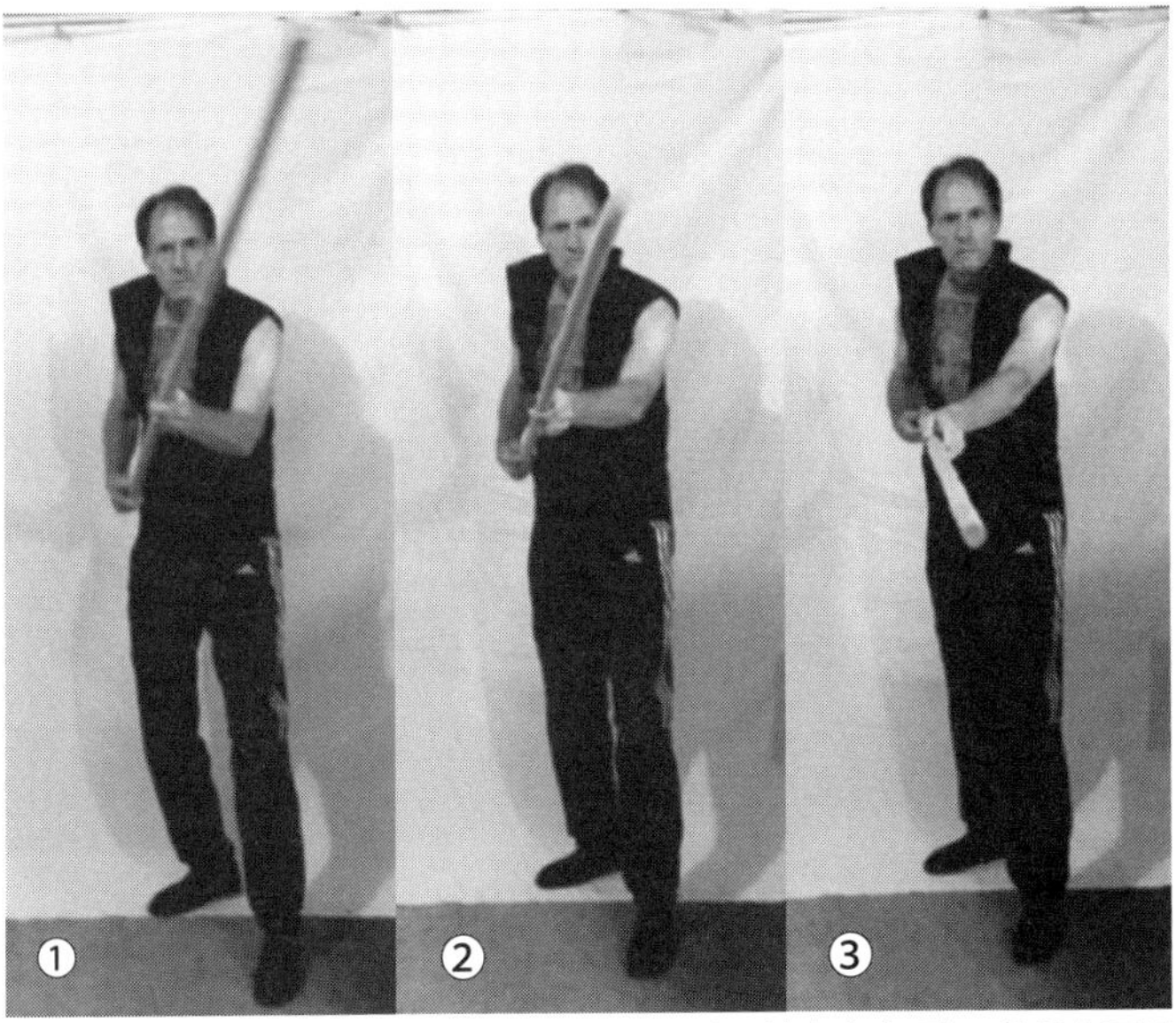

下方向にターゲットを叩く（マイナーモードは前方と水平）。体重を両足に均等にかけ、長棍を回転させながら下方向に打つ。出した軌道を戻る時、体重を後足７割、前足３割に戻す。

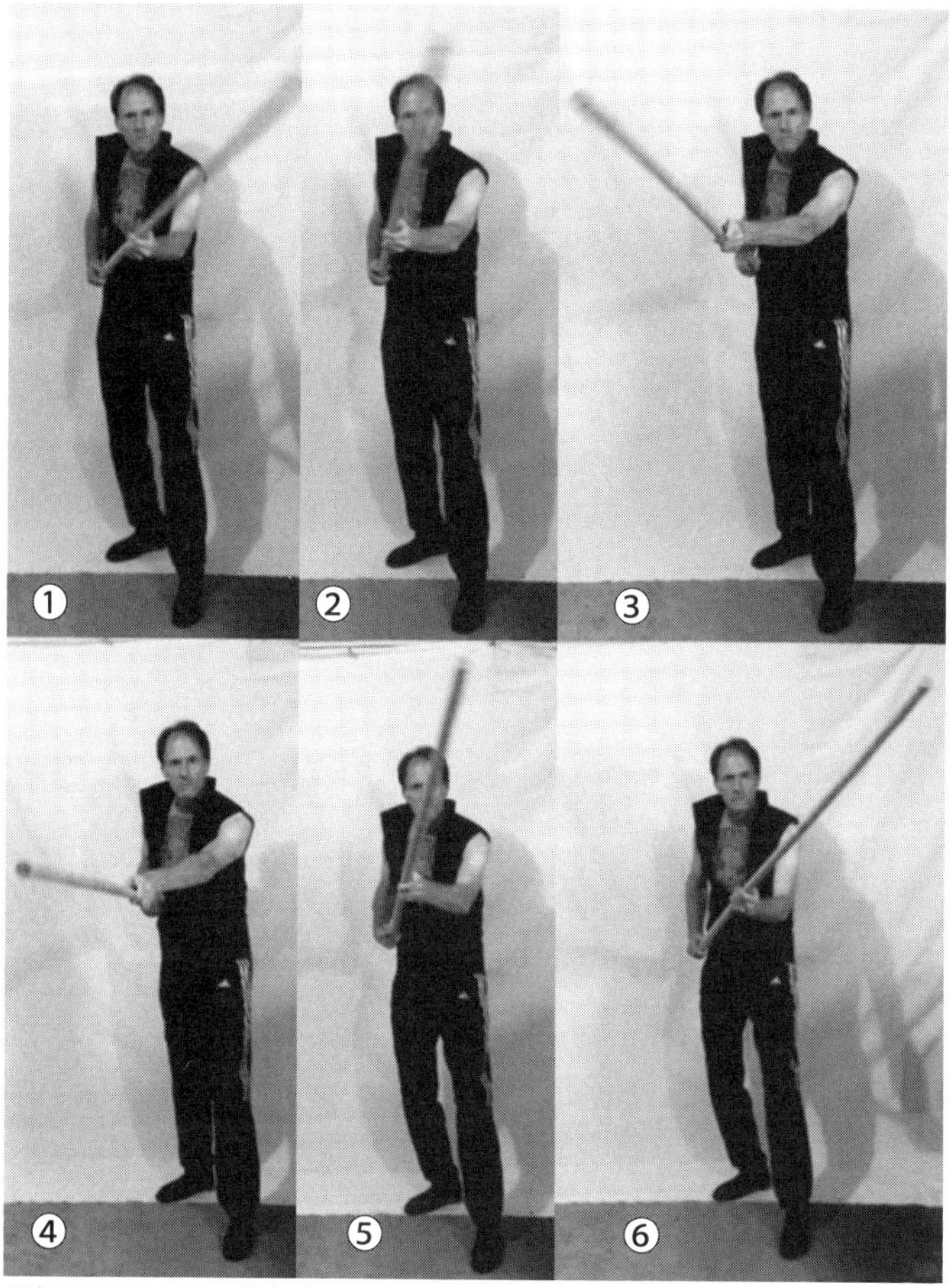

長棍を回転させながら水平に払う（マイナーモードは前方と下方向）。開始姿勢、後足７割、前足３割から体重を前足にかけて長棍を横に振る。次に体重配分を後足７割、前足３割に戻して、今の軌道の逆方向に長棍を振る。

基本の打ち方は3通り（刺すように突く、下に叩きつける、水平に払う）、また体の使い方も3通りある。

まず準備姿勢。意拳の基本的なスタンスを取り、長棍を体に引いた状態で準備。体重の7割を後足に、3割を前足にかける。典型的な後足重心のポーズである。前足のかかとは上げる。

長棍を前に突き出す時、体重を前方にシフトし、その瞬間、両足へ均等に体重をかける。前足のかかとは技の間、上げたままの状態を保つので、前足を強化しておくと良い。後足のかかとは床につけたまま、ターゲットへの狙いを定めやすくする。

2つ目は正式な意拳の技術ではなく、居合道の基本的な姿勢を参考にしている。長棍の基底部を握っている手と反対側の足を前に出し、膝を直角に曲げかかとを床につける。後脚はひざまずき、足の親指の根元に力を入れる。

長棍を突き出した直後、体重が前方へシフトし前傾姿勢になり、前足が体重の半分以上を支える形になる。元のポジションに戻るには、体重を後足へシフトして後足7割、前足3割の体重配分に戻る。

3つ目は棉花球（小さな布製のボール）を使って技を繰り出す。テクニックと姿勢はこれまでのドリルと同じだが、ここではターゲットを使う。小さな布製のバッグに綿を詰め込んでボール状にし、自分の顔の高さにくるように吊るす。長棍を伸ばして棉花球に届く位置に下がる。このドリルでは、3つの基本の技でボールを打つのが目的だ。

正確さとパワーのコントロールが鍵となる。途切れない1つの動きでスムーズに長棍を振る。準備姿勢からまっすぐに滑らかに動き、ボールを一度軽く打つ。何度も繰り返し練習しよう。打つ強

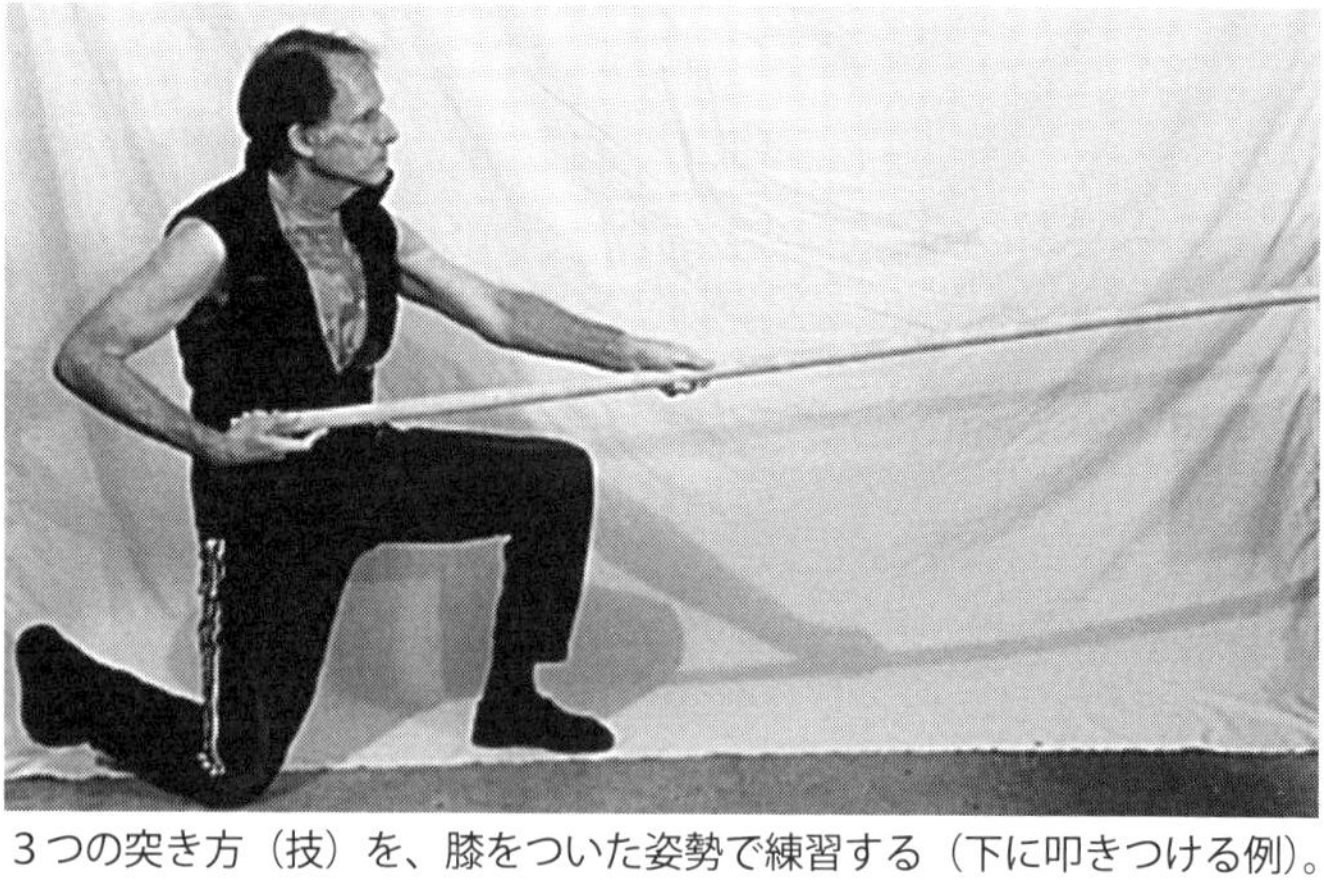

3つの突き方（技）を、膝をついた姿勢で練習する（下に叩きつける例）。

さは、ボールが3センチメートル動くぐらいが良い。集中力が鍛えられるのだ。

・長棍ドリルで得られるエネルギー

繰り返しになるが、本書の目的は両手をエネルギーで満タンにすることだ。この章で紹介した姿勢や動き、全てに当てはまる。これらの練習を通してエネルギーを体感しその感覚が深まり、両手に起こるエネルギーを現実にコントロールすることが可能になる。その意味でも長棍ドリルは最適である。

ファンシーな動きは必要ない。ゆっくりと滑らかに、リラックスして動くことを心がければよい。長棍の握りに意識を注ぎ、柔らかく両手を回転させせると、長棍を握ったままでもセスタス

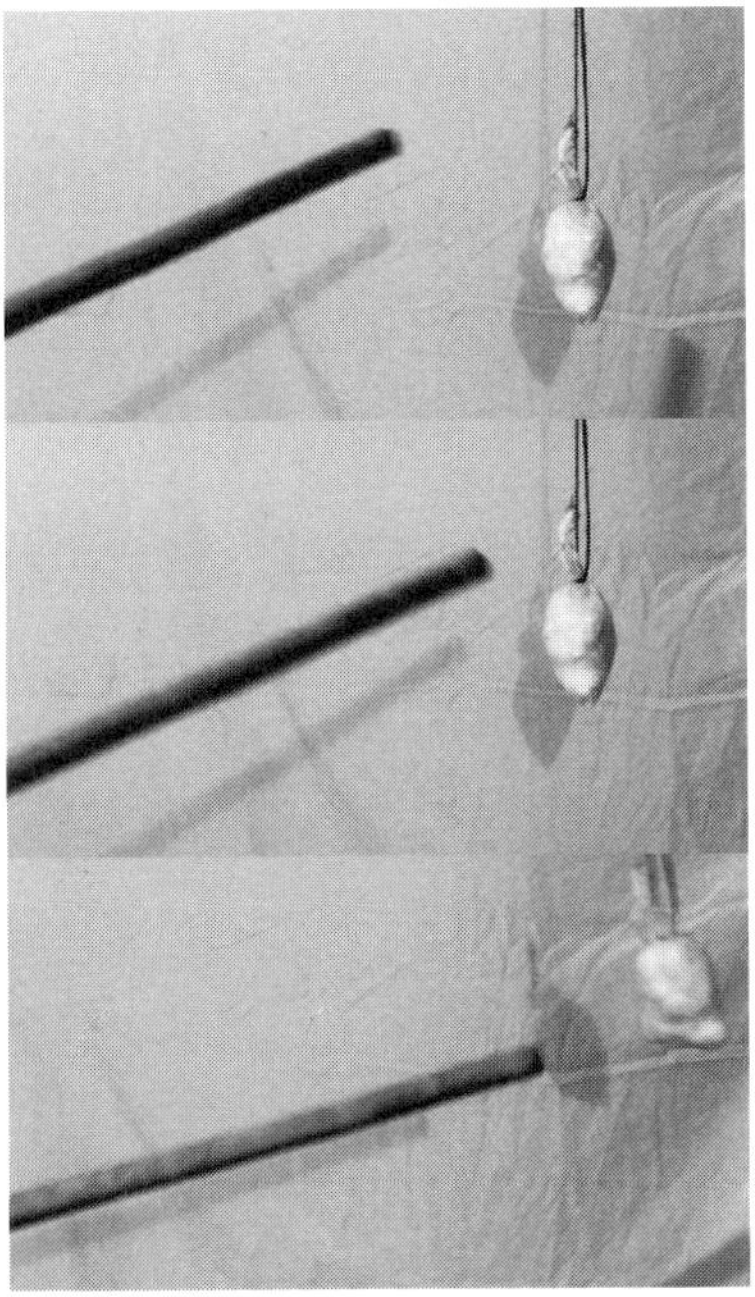

ボール（棉花球）を一度だけ軽く打つ（下に叩きつける例）。

部分にはっきりとした振動が起こり、両腕の肘から指まで広がっていく。長棍を握ることで、体の内部から発せられたエネルギーが、手へと引き寄せられるのだ。振動は最初は小さく、気づくのが難しいだろうが、練習次第で大きくなる。

先に述べたように、これらのドリルは力づくで練習してはいけない。格闘の練習ではないので、力を見せつける必要はない。焦点を定め、ゆっくりとリラックスして行う。両腕、手首、手のひら、手の甲、指、全てにエネルギーを起こすには、ソフトでゆっくりとした動きが最も重要だ。ドリルを表面的に見て馬鹿らしいと思った途端に、全てが台無しになる。最初に起こるエネルギーの振動はとても小さい。それに気づくためにも慎重に注意深く練習することが大事だ。ドングリが樫の木に成長するように、エネルギーもさざ波から大きな波へ変化し、大きな川のようにどっしりとした重たい流れへと成長していく。やがては、そのエネルギーを自分の力でコントロールできるようになるのだ。

○木剣

長棍ドリルは、強力なエネルギーを手に起こすためのドリルである。次に紹介するドリルは長棍ドリルに比べ、動的要素が少ないのであまり楽しくはないかもしれない。最悪の場合、投げ出されてしまうかもしれないという思いもあって、長棍ドリルを先に示しエネルギー体験をしてもらおうと思った。

武道を嗜むと木剣に興味が湧く。読者に木剣を所持している人も少なからずいるであろう。誰でも内部エネルギー鍛錬の崇高な道具として、中国武術の剣に魅せられる。その代わりとして木剣を使ってみたいと思うのは、至極当然なことだ。中国の剣を使った内部エネルギー鍛錬法は私のVimeo動画で紹介しているが、ここでは最もシンプルな木剣の内部エネルギー鍛錬法を紹介しよう。この方法はエネルギーの養成だけでなく、これまでの自身の内部エネルギー鍛錬の進捗状況を確認する意味でも、良い訓練法である。

立ち姿勢とひざまづき姿勢の2通りがある。立ち姿勢については、私の形意拳大刀のYouTubeビデオで5つのスタンスを紹介した。ここでは焦点を絞って、日本の居合道の刀ワークを基にしたシンプルなドリルを1つ紹介しよう。

両手をエネルギーでスーパーチャージすることを目的とした木剣ドリルを、立ち姿勢で行う。居合道や剣術の基本のスタンスを取る。合気道の変形フォームにもあるので、多くの人が知っているスタンスだと思う。刀ワークでは、足を腰幅かそれより若干狭めに開く。左足（後足）のかかとを上げ、少し前傾姿勢になる。左足には注意を向けておく。膝は少し曲げ気味にして、胴体はまっすぐにする。

左手で木剣の柄頭を握り、右手はそこから拳の幅分上の位置を握る。左の小指は木剣に巻きつける。日本刀で切りつける際、小指がその力の源であると言われる。他の指も同様に巻きつけておく。前腕が柄とほぼ直角になるように木剣を握るので、手首は窪んだ状態になる。両手のひらの下の部分は柄の細い縁に合わせる。

刀の先端は、相対する相手の胸元に合わせる。これらは標準的な準備態勢であるが、最終的には刀を握った瞬間に強力なエネルギーが胴体を通って手に流れて

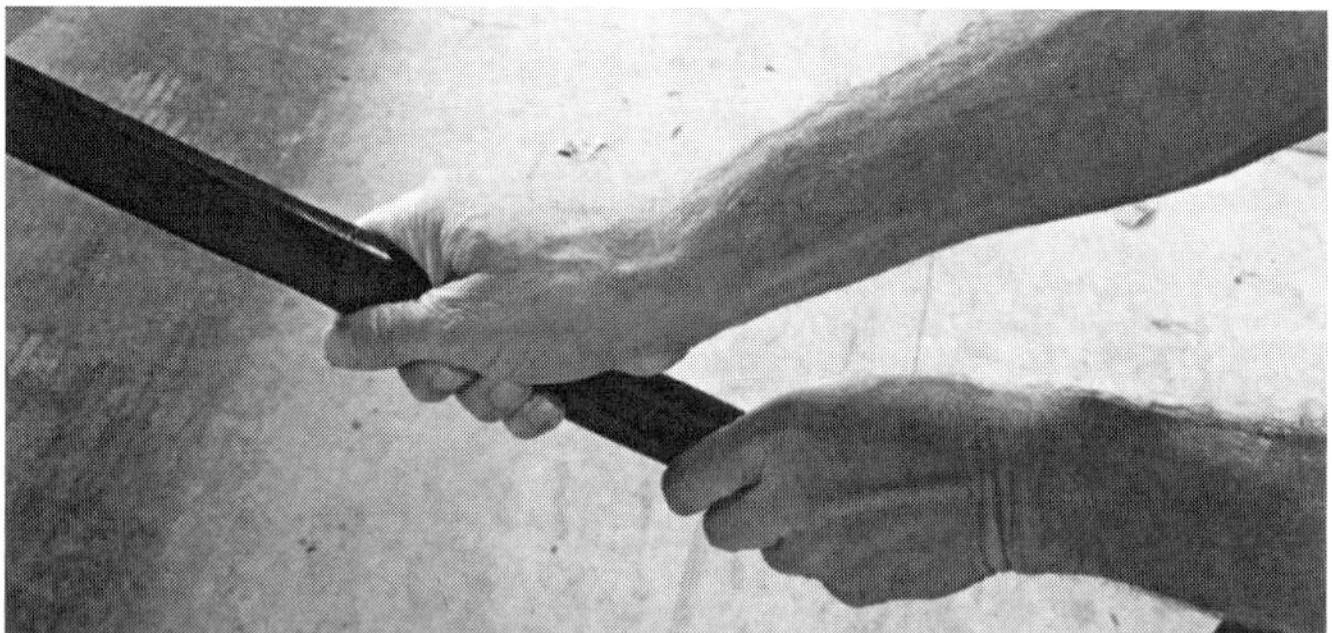

木剣の握り方。握った瞬間、強力なエネルギーが胴体から手に流れるようになる。

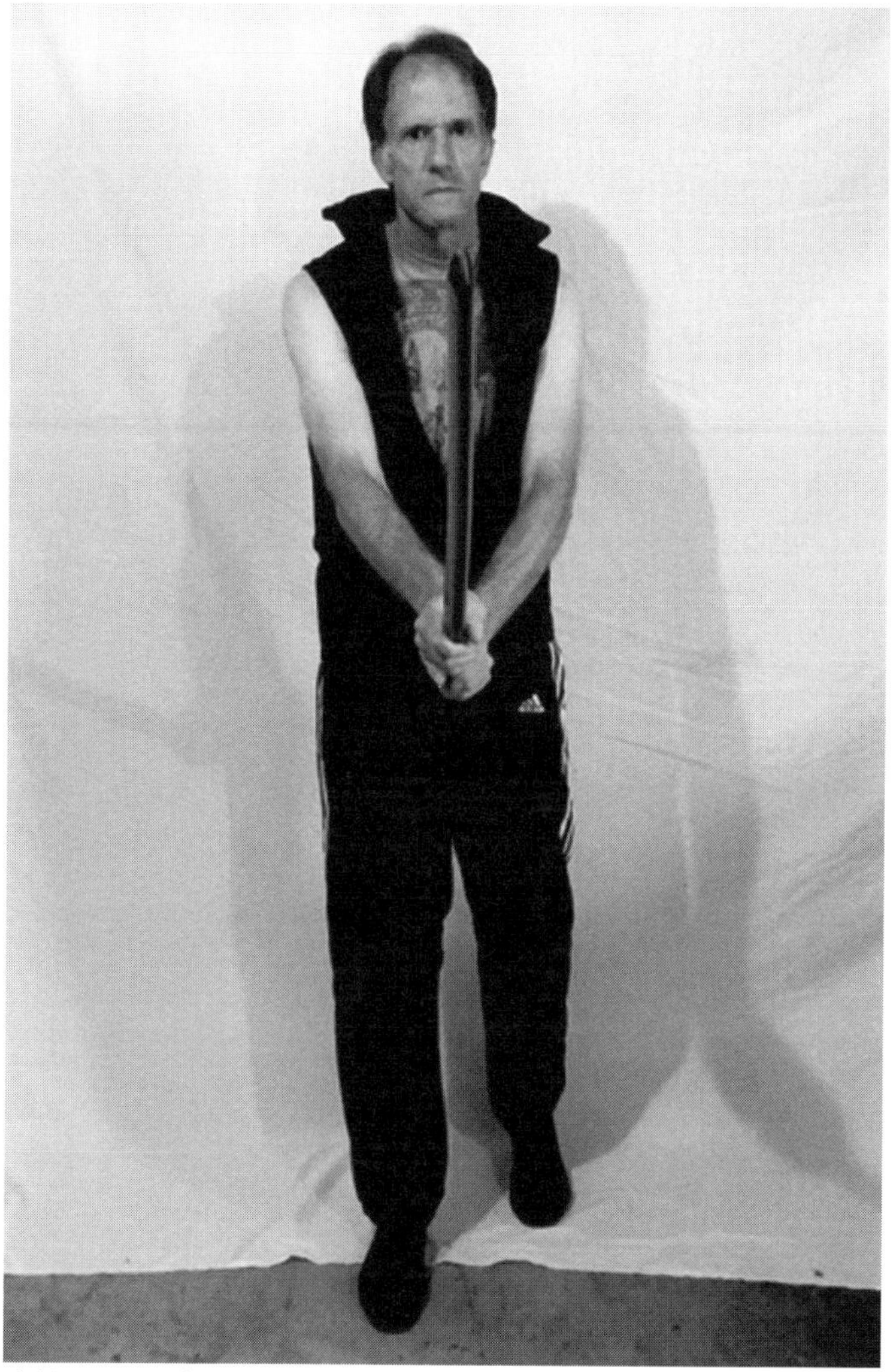

木剣のエネルギートレーニングの立ち姿勢。内部エネルギーの振動を、体から手へ誘導する。

いく。そうなったら、立ち姿勢や握り方は問題ではなくなる。

2つ目のスタンスは、ひざまづいた姿勢である。この姿勢は長棍ドリルでも使われた。木剣の柄頭を握っている左手の邪魔にならないように右足を前に出す。手足を入れ替えて準備態勢を練習するには及ばない。内部エネルギーは基本的にスタンスを重要視しない。どのような姿勢であれエネルギーが発せられると、スポンジが水を吸収するようにエネルギーが体に浸透し出す。

さあ、ここで面白い局面を迎える。木剣を握り準備が整ったら、次なるアクションは無である。何もしない。ポケットマネーで本書を買い、丁寧にここまで読んで準備も整った。それで何もしないとは何事か！と怒鳴られそうだが、何もしないというのは、カンフーや剣術などの練習で行うドラマチックな斬りつけをしないという意味だ。

本書の目的をもう一度思い出そう。両手をパワーでチャージする。シンプルに聞こえるが、このドリルは生産性が高い。このドリルに費やす時間が後に貴重なものとなろう。準備態勢が整ったら木剣を軽く握り、意識を働かせて手にパワーを走らせよう。握るのに筋力が問題ではないのは、既に心得ていることだと思う。伝統的な日本刀の訓練では、卵を落とさず割らずに軽く握る

木剣のトレーニング、ひざまづいた姿勢。長棍のひざまづき姿勢と同じスタンス。

のをイメージしろと記されている。ここまでの練習で既に、意識の力だけを頼りに内部エネルギーの振動を体からまっすぐ手へと誘導することができているはずだ。

エネルギーの振動が起こったら、木剣を少し動かしてみよう。木剣の先端をわずかに上げ、小さな弧を描くように下方向へ切り込む。上から下への小さな切り込みだ。多少の角度がついても良い。剣道や剣術で行う面への斬りつけの縮小版である。この斬りつけでエネルギーの発生と手への誘導が実践できたら、大きなモーションでゆっくりとフルに斬りつけをトライしてみよう。頭の上から大きく斬りつけて、元の位置に戻る。小さな斬りつけと同様に内部エネルギーが発生し、両手がエネルギーで満ちてくるだろうか。ストレートの斬りつけや袈裟斬りなどをトライしてもいい。

これは非常にパワフルなドリルである。見かけのシンプルさを侮ってはいけない。

◎エネルギーグリップ・プロトコル

これまでに紹介したルールに縛られない自然志向のドリルでもエネルギーを充分に得られるが、両手にその振動がまだ起こらない場合には、1つ1つ段階を踏みながらルールに則ってエネルギー獲得の訓練に臨むといいだろう。

私の形意拳の先生は1930年代から40年代にかけて、戦争や革命など様々な困難に耐えてきた。先生は人の首を一振りで切り落としてしまう破壊力を持つ中国の大刀、雙手刀を所持していた。それは「古代中国の散弾銃」とも呼ばれるものである。私はそれを使ったエネルギー養成法を、先生から教えてもらった。

大刀は木剣よりも重く、約3キロほどの重さ

大刀（雙手刀）の基本の握り方。木剣よりも外側の位置を握り、手のひらで満遍なく支えるようにする。

がある。大刀の握り方は木剣とほとんど同じだが、重さがあるので、木剣よりも外側の位置で握り、手のひらで満遍なく支えるようにする。握り方は、先に説明したように刀が落ちない程度に柔らかく握る。

何度も練習して、基本的な握り方をシステム化しよう。大刀の立ち姿勢ドリルはいくつもあるが、両手をスーパーチャージする目的には、木剣のドリルで示したように、立つかひざまづいた姿勢が効果的だ。

握り方の基本として、仮想相手の胸元に刀の先端を向け、次のポイントを押さえる。

・柔らかく握る。
・インストラクションで「しっかり」という言葉が使われる時には、「意識を握りに集中させる」という意味である。
・全ての指をつけておく。
・刀を動かさない。

基本の柔らかい握りで始め、握りの強度を左右交互に切り替える。そうすると握りへの意識の働き方も「しっかり」から「緩やか」へ、またその逆へと交互に切り替わる。過度に力を入れず、また緩めすぎず刀がずれてしまわないように持つ。ここで重要なのは柔らかい握りがどんなものか、かつ「意識を握りに集中させる」とはどういう状態かを習得することだ。握りの強度を微妙に変えたり、握りに集中させる意識の強度を変えたりしながら学ぶ。次に示す数字は、左右それぞれの手が支える刀の重さの割合である。また「しっかり」「柔らかく」とは、握りへ向ける意識の度合いである。

①右手8割「しっかり」・左手2割「緩やか」
②右手2割「緩やか」・左手8割「しっかり」
③両手5割・5割「しっかり」
④両手5割・5割「緩やか」
⑤両手5割・5割「しっかり」
⑥意識を切っ先に向ける
⑦エネルギーの波が起こる

圧力をかけすぎないように握ることが大切だ。先ほどのインストラクションをステージごとに忠実に守り、両手の握りを意識しながら練習しよう。やがて、エネルギーの振動が両手に起こる。刀の握り方を陰と陽と交互に切り替えるので、兩儀刀のルールと呼ぶ。

握りのドリルを始める前に、刀を柔らかく握る感覚を養うといいだろう。一度刀を落としてみた後で徐々に握りを強くしていき、程よい柔らかさを体得しよう。その後、インストラクションに沿ってドリルに挑戦すると良い。ドリルの段階ごとに緊張状態を確かめる。片方の手に過度の緊張がないか、緩み過ぎていないか。ドリルを何度も繰り返すうちに、足元から発生したエネルギーが体を上昇し両手にその波が押し寄せてくるだろう。そうしたら刀を置き、静かに直立姿勢を取ってエネルギーの波をコントロールしてみよう。

第6章

内部エネルギー修得カリキュラムからの卒業

◎金鶏独立をもう一度

本書の全ドリルを何か月も練習した暁には、ご褒美にありつけるはずだ。第4章で紹介した金鶏独立で培われたエネルギーより、大きな収穫が得られる。私の別の著書『たった7つのポーズで身につく太極拳「掤勁《ポンケイ》」養成法』で詳しく説明したリラクゼーションプロトコルの基本的考え方を応用すればいい。あえてその本を読まなくても、本書の第4章で説明した金鶏独立プロトコルを練習したなら、ポーズを取り意識を膻中に向ける、上げる、休憩、タッチ、再び意識を膻中に向ける、沈む、の全てのステージをどのように練習するかがわかる。

上半身下半身を正しく保ち、ポーズを維持しつつ、上げた足を支えの上で休ませる。支えはテーブルでも椅子でも浴槽の縁でも、硬い表面なら何でも良い。枕やクッションのような柔らかいものは避けよう。支えの上で休ませるのは、上げた脚のみだ。上げた脚以外の体は、地に根ざした足の方で支える。支えで休ませる脚の足首、ふくらはぎ、膝、腿の筋肉全てをできる限り緩める。支えの上にはかかとのみをのせ、かかとがその脚全体の重さを支えるようにする。かかと以外の前の部分は、支えの縁から下に垂れ下がる形となる。金鶏独立の下に向いた足の形に似た状態となる。支えがあると、膝を一定の高さ、ウエストの位置あるいはそれよりやや高い位置に保てるのだ。

足のかかとを支えにのせることで緊張が取れ、本書のドリルを通して高めたパワーが一気に溢れ出し、上半身と両腕に怒涛のように押し寄せてくる。決壊したダムのようにパワーが物凄い勢いで流れ出し、セスタス部をパンパンに満たすのだ。その勢いには圧倒される。だが、どれほど凄まじいパワーを感じたとしても、金雞獨立のポーズをリラックスした状態で保ち続けよう。両腕が内部エネルギーの消防ホース、両手が吹き出し口になる。これこそが両手のスーパーチャージだ。

内部エネルギーの爆発が、両腕と両手に起こる。

◎静止の空手チョップをもう一度

「静止の空手チョップ――三体式②」と命名したアクティブモードの三体式（形意拳の基本姿勢）ワークは、第3章「アーク（ARC）①――蓄積（Accumulate）」で説明している（59ページ～参照）。そこで強調したのは、ウエストに意識を向け働きかけることにあった。もちろん体を捻ってアクティブにするのではなく、アクティブなエネルギー電池としてウエストを意識することである。それは、リラックスして集中を強めてくると発生する。

両手に焦点を当てながら、第5章「アーク（ARC）③――キャッチ（Catch）」で説明したドリルに戻りたい。そのドリルの質を上げたいからだ。先に説明したように、じっくりとドリルを行う。

私の先生が三体式の回転ドリルを見せてくれた時、その上級レベルのドリルでは形意拳の動物を模した象形拳の1つを取り入れるのだと言った。龍形については既に説明済みだ。ここでは虎形を組み入れて練習する。虎形には、打、歩、回転などの動きが含まれるが、それら全てをカバーすると本書の目的から遠ざかってしまうので省く。しかし静的三体式が虎形の重要かつ面白い要素を発達させるために、必要な枠組みをもたらしてくれる。それを椗爪と呼ぼう。動物が鉤爪で獲物を押さえる時のアクションである。

○椗爪

虎形では、メインの打の動きに焦点が当てられることが多い。身体的な構造から見る虎形の打法とは、手のひらで相手の胸を押し付け強打するもので、受けたら不快に感じる技だ。酒場での喧嘩などに使える技として練習する実践者が多い。しかしこの技の真の価値は、このような視覚に訴える要素にはない。伝統的な虎形の一連の動きを観察すると、三体式の椗爪で始まることがわかる。エネルギーの観点から考えると、この最初の動きが虎形のゴールである。鍵は打法にあるのではなく椗爪にある。

形意拳の達人、郭雲深は全ての形意拳の技の一般的な準備姿勢について、次のように言った。これは、虎形のエネルギー掴み取りの瞬間にも確実に当てはまる。

兩手往後用力拉回内中有縮力

其意如拔鋼絲兩手前後用勁

（両手が自分自身の側に何かを引き込むように、パワーを伴って引き込められる。これは内部エネルギーの圧縮されたパワーがそうさせるのであり、筋力ではない。一本のワイヤーを、両手でリールから力強く内側に手繰り寄せているようだ。）

静的三体式では実際に、虎形の打もフルセットの動きも実践しない。しかし動きを深く見てみると、椗爪の瞬間、つまり指先で何かを掴み取るように軽く曲げる時に、指先から足までにかけて瞬時にエネルギーが起こる。それは、静的三体式の打の要素である劈拳を放ち終えた瞬間に起こる。劈拳を放つと、指にエネルギーが走る。椗爪は、意識してそのエネルギーをもう一度掴み、自分の体の方へ引き込むアクションだ。瞬時に起こる驚愕の現象であり、即実感できる。

鍵となる動きは、劈拳を放った直後に指をカールして拳を作り、自分の体に引き寄せるところだ。それが、方向転換後のアッパーカットパンチドリルの準備となる。この動きがイメージできない場合は、「静止の空手チョップ ― 三体式②」をもう一度読んでみよう。椗爪は、手を広げて劈拳を放った直後に意識を指に注ぎ、瞬時に行う。何かが体の中に引き寄せられる感覚が起こるだろう。実際に指を緊張させ、力づくで引っ掻き寄せる必要はない。指先で何かを捕えること

虎形拳

準備態勢

打を発する

椗爪

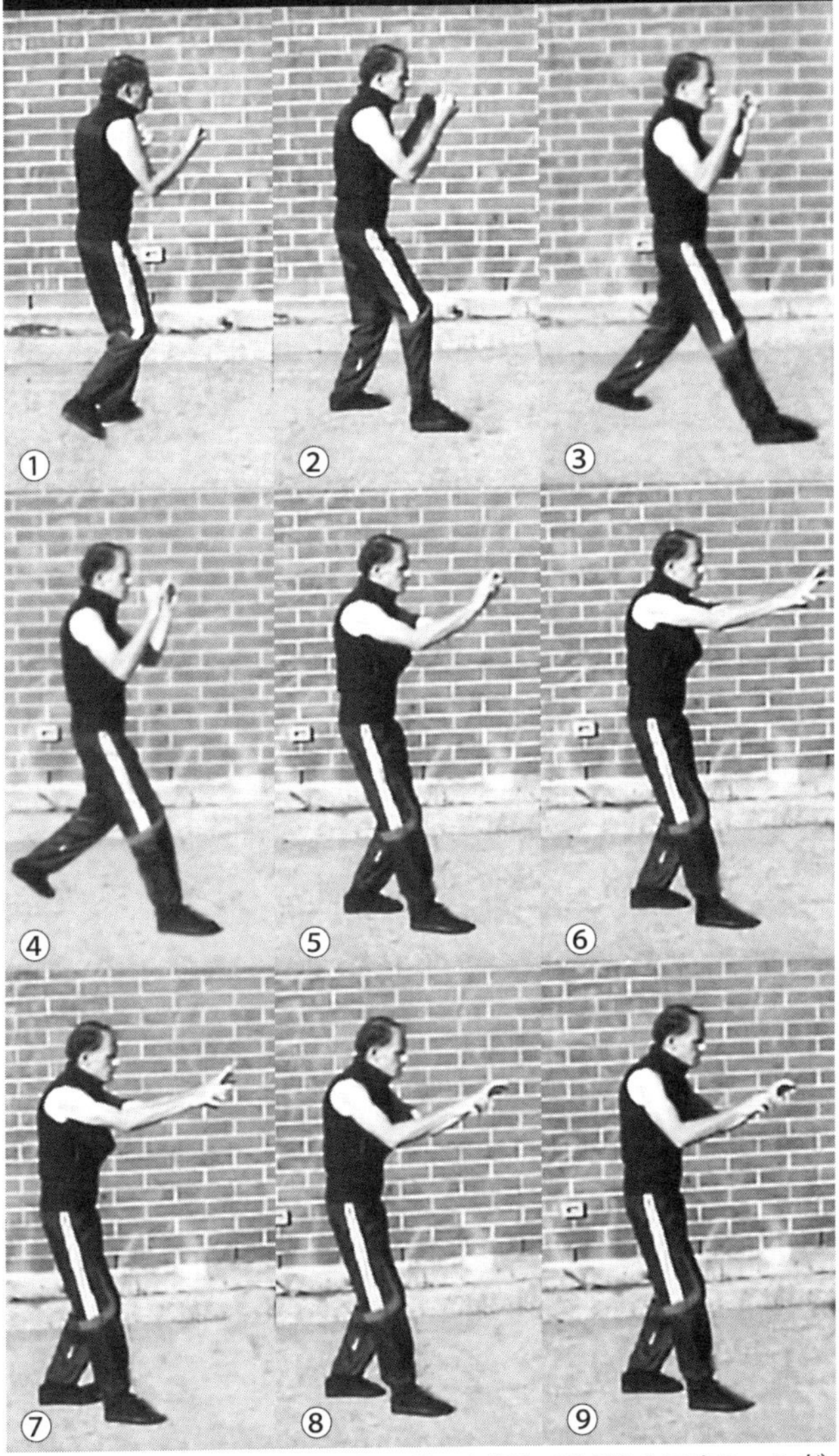

虎形の打と椗爪。意識してエネルギーを掴み、引き込むアクションだ。

をイメージして、その形を作るだけである。その時に感じられるエネルギーチャージは、並外れて大きい。

掴み取りの動きを心で描き、そこに意識を集中させる。そうすると、技の終わりにはソフトな手首だけが残る。しかも両手、両腕、両肩のいずれにも緊張が起こらないのだ。椗爪の瞬間、意識とエネルギーが手の指全部の第一関節へ、さらに前に出した両手（片手は体の前面、もう片方は体の近く）へと伸びていく。椗爪は、親指も含め全部の指先で始める。劈拳を放った直後にエネルギーをキャッチして、速やかに内側へ引き寄せる。ここでの注意点は、椗爪の形をイメージしながらも、過度の筋力を行使しないこと。エネルギーを捕えるのは一瞬である。静止の空手チョップのドリルでは、指をカールさせてソフトな拳を作り、次の動きの準備をする。拳を作る動きは傍目にはわからない微妙なものだが、自身の体内でははっきりとエネルギーが実感できるのだ。

虎の感覚を養う必要があるだろう。虎はＵＦＣ（アルティメット・ファイティング・チャンピオンシップ）のファイターのように、敵を倒してパンチを浴びせる攻撃方法は取らない。獲物に鉤爪を深く沈めて捕らえるのだ。

実際の動きは非常に微妙である。劈拳を放った直後、エネルギーを引き寄せるその瞬間に、指に意識を注ぐだけである。まずはその感覚だけでも養うといい。その後でドリルを実践しよう。指の第一関節に意識を向け、椗爪を作った瞬間にエネルギーが圧縮され、指の第一関節から肘までの前腕を伝って流れるのが、はっきりと感じられるはずだ。その瞬間、セスタス部分に明かりが灯る。それが起こらないとしたら、まだリラックスできていない証拠である。

次のステージでは、椗爪で瞬時に放出されたエネルギーを広範囲にもたらす練習をする。つまり、セスタス部分を超えたエリアにエネルギーを送る訓練だ。椗爪のエネルギーは、まず指からセスタス部分の限られたゾーンで感じられるが、その感覚を腹部まで伝える練習である。最終的には、手の指から後足の裏にかけて、同等のエネルギーを感じられるだろう（固い床の上で、薄いスリッパを履いて練習に臨む場合）。

椗爪の瞬間にエネルギーが、肘、丹田、後足まで流れるかどうかは、体全体のエネルギーがどれくらい強固に封じ込められているかが鍵となる。閉じ込められているとはいっても、緊張させているわけではない。椗爪と同時に、足と手の指との間が全て瞬時に完璧に連結されたという感覚に等しい。

その強烈な現象は、次の２つに依存する。

①劈拳の直後の、体のリラックス状態。

②指の第一関節で椗爪を開始する瞬間、心と感覚だけをフル回転させ、不必要な力みがない状態。

椗爪を形作った瞬間、エネルギーが最も簡単に感じられるエリアは、指の第一関節から肘にかけてである。つまりセスタス部だ。椗爪を練習する時には、指の第一関節から肘までのエリアに意識を集中させるといい。そうすると、指、手のひら、手の甲、手首、前腕、肘でエネルギーの爆発が起こる。最初のセンセーションだ。

さらに練習を深めていくと、エネルギーは指の第一関節で発生し、丹田、腿、大腿四頭筋、そして強い方の足へとエネルギーの振動が送られていく。

これを身体的現象と勘違いしてはいけない。身体部位を挙げてエネルギーの道筋を説明したが、あくまでも肉体を離れたエネルギーレベルの現象だ。最初にエネルギーを感じた瞬間にわかる。底の薄いカンフー用のシューズを履いて平らな固い床の上で練習すると、爪から足にかけての連結を実感するだろう。後に、どんな床でもどんな種類のシューズでも関係なく、連結の感覚は起こる。こうして、手へのスーパーチャージが起こるのだ。
まだまだ先は長い。しかしこの上なく面白い現象であり、練習する価値がある。これが文字通り、アーク（ARC）プロセスのキャッチ体験だ。それが得られるかどうかは、本書でカバーしたドリルをどのくらい忠実に深く練習するかにかかっている。

ある中国武術の偉大なる達人が、次のように言った。

到此地位
功用一日
技精一日
漸至从心所欲
罔不如意矣
（そのレベルに達したら、パワーは日ごとに強化し続ける。好きなようにできる。）

第7章

リラクゼーション（達人VS鍛錬方法）

リラックスができなければ、内部エネルギーの発生も展開もありえない。しかし、リラックスとは一体どういう状況を指すのか。死んだように横たわらない限り、姿勢を保つだけでも常に体には張りが存在する。またそうでなければ体は保てない。その通りだ。故にリラックスとは、精神（意識）と体の張りとを分離することである。

しかし、片方ができるともう片方ができなくなるというのが、よくある現象だ。多くの人にとって、この2つは常に一緒である。例えば、カンフーのポーズなどを模倣するように、指示を受けるとまずそのポーズを頭に描く。こうあるべきだと意識し、実践の段階になると過度な力が入り、大げさなポーズになる。

逆に力を抜こうとすると、意識がどこかへ飛んでいってしまう。眠りや泥酔状態、昏睡状態などは、その究極の状態であろう。太極拳の実践者として習得すべきは、自動的、反射的に体が硬直してしまうのを防ぎ、意識のみを働かせることだ。この定義に沿って考えると、日常生活における活動をリラックスの敵だと見なす必要はなくなる。大きな家具などを動かす時には、力を込めるのは当然だ。つまり、意識と力とを離して、双方をそれぞれ独立した属性だと考え、コントロールすることが大切なのである。これが内部エネルギーの養成に不可欠な要素だ。力を最大限にそぎ落としながらも、自分の体の状態、周りの状況との関係を常に意識する。夢うつつとは全く真逆の状態になる。

まずはリラックスしていない状態を把握しよう。その状態を理解し受け入れ、そこからリラックス状態の習得に励む。絶対的なリラックス状態は誰も達成できないが、それに近づく努力をする。どんなに極めても、体のどこかには常に小さな力みがある。それを見つけては取り除く、という努力を繰り返すのだ。

これまでの私の経験から言えることとは、リラックスできている人は基本的に一人もいない、ということだ。どこの流派のどんなトレーニング方法であろうと、いかに優れた身体能力を持っていようと、また精神的にも感情的にも成熟していても、どれほど体が柔らかくても、さらには太極拳の稽古場でさえも、誰一人としてリラックスしていない。太極拳に限らず、素晴らしい才能を持ったヨガやダンスの先生、格闘家、あらゆる分野の達人たちでさえも、リラックスができている人はいないのだ。

だとしたら、リラックスとは一体何なのか。でっち上げか想像物か。挑戦者をふるい落とすフィルターか。あるいは単なる著者の言葉遊びに過ぎず、この太極拳のブランドに少なくとも興味を持って本書を手にした読者の方々を排除しようとしているのか、と疑念を抱く方もおられるかもしれない。そう考えたとしても責められるものではない。それが人間の自然な反応だ。ただそれが心の底から出た結論だとしたら、これ以上読み続けるのは益々イライラが募ることになると思うので、あまりお勧めはしない。

私の太極拳の先生は1950年代、鄭曼青先生から訓練を受けた。また鄭曼青先生は、太極拳の達人楊澄甫の下で修行を積んだ。鄭曼青先生が体制化したZMQ37では、手首と手は柔かくまっすぐに伸ばす。これを美人手と表現する。もちろん私の先生はその通りに練習をしていたのだが、ある日、楊澄甫の太極拳のポーズの写真を本屋で見つけた時に、とても驚いたそうだ。達人の手首はシャープに曲げられ、美人手とは真逆の形をしていた。驚いて鄭曼青先生の元に駆け寄り、その写真を見せてこう言った。

「先生。楊澄甫のこの写真を見てください。私たちのやり方は間違っているのではないでしょうか（このようにすべきではないでしょうか）」

鄭曼青先生は写真を見て、私の先生にニコッと笑い、こう言った。

「この写真のように手を作ってみなさい」

私の先生はその通りに実践した。そして鄭曼青先生は私の先生に尋ねた。

「君の手はリラックスしているかね」

私の先生はリラックスしていないことを認め、鄭曼青先生は私の先生にこう戒めた。

「楊澄甫は、極限のリラックス状態を達成してしまった。そのような手の形を作り、そのまま完全にリラックスできるなら、写真のようなポーズを取っても良い」

この話はとても深い。色々なことを考える土台となる。「自分の練習方法は自分の足を引っ張っていないか」、あるいは「実際は自分の練習方法に逆らって練習しているのではないか」。意拳は素晴らしい内部エネルギーアートだとどこかで書いた。しかしそれは初心者に対するメッセージではない。同じことが陳式太極拳、合気道、螳螂拳などにもいえる。これらはすべて初心者向けではない。

私が言いたいことは、リラックスを完全に習得しているなら、これらを練習していくうちにそれが内部エネルギーの養成と展開のツールとして素晴らしく効果のあるものだと実感し衝撃を受けるだろう、ということだ。だが、まだ初心者の段階であるなら（ほとんどの実践者は初心者レベルを超えない）、これらのシステムは完全なリラックスの習得と相反する結果を招く。これらのシステムが目指すところは、見た目の美しさ、健康面の向上、格闘におけるゴールなどである。これらのトレーニングは、全て最初から何かを付け足すように構成されている。必要なのは追加ではなく、取り去ることなのだ。

次の2つの写真を比べてみよう。先ほど私の先生と鄭曼青先生との間で交わされたポーズ、20世紀最大の太極拳の達人の一人、楊澄甫のデモ写真である。ここで1つ断っておきたい。私は決してこの素晴らしい達人を中傷するつもりはない。楊澄甫は間違いなく、歴史上、最も偉大な太極拳家である。例外があるとすれば、楊澄甫の年上の親族だろう。楊澄甫の内部エネルギーのパワーは、今日生存するすべての武道家たちのレベルを遥かに上回る。他の人との比較など冗談に

楊澄甫、初期と後期の写真。全身のリラックス具合を比べてみる。

もならないほどだ。私が楊澄甫をモデルとして取り上げる理由は２つある。

１つは、人によっては自分の流派の先生が例として取り上げられると、ひどくプライドが傷つき感情的になる。自身の流派の弁護に躍起になったり、侮辱をぬぐい去ろうと先生の名前を外せなどと攻撃的になる。このような反射的行動を避けるためにも、私の流派の先生の先生のそのまた先生である太極拳の達人を取り上げたい。

楊澄甫を取り上げるもう１つの理由は、その内部エネルギーの鍛錬方法が私自身のそれと非常に似ているからだ。楊澄甫の鍛錬方法を、ある技術的基準として使える。誤解しないでほしいのだが、私は楊澄甫師をこの上なく尊敬している。師はこれから先も人類が超えられないであろう域に、自身のアートを築いたと思っている。

まず、図々しくも２つの推定から話を進めたいと思う。１つは、これらの写真は楊澄甫にとって、その時々での最高で完璧なポーズを示していること。２つ目は、楊式太極拳に大架式、小架式などスタイルをめぐっての論議があることは承知しているが、ここで私が問題にしたいのは、体の張りのみである。ここでは、太極拳で破ることのできない鉄則を考える。それは次の楊澄甫自身の言葉で表される。

練太極拳全身鬆開
不使有分毫之拙勁大架式
（太極拳の練習では全身がリラックスしている。どんなに小さくとも、緊張を体中に起こさせてはならない。）

この達人の言葉に則って、写真を客観的に分析してみよう。

①肘がまっすぐに伸びている（筋力の行使）
②手首が直角に曲がっている（筋力の行使）
③上半身が前傾している（筋力の行使）
④ウエストが捻られている（筋力の行使）
⑤脚を踏ん張っている（筋力の行使）
⑥足幅が広い（筋力の行使）

私の言うことが信じられない場合は、自分自身で実際にポーズを取ってポイントごとに確かめてみるといい。その前に、楊澄甫の若い頃のポーズと晩年のポーズとをよく観察すると、師が明らかにどこかの時点で自分の練習方法が間違っていたことに気づいたのではないかということが簡単に推測できる。晩年のポーズでは、私が先に指摘した点が改善され、柔らかさとリラックス感が表現されている。師が自ら記した太極拳の鉄則に近づこうと常に訓練を重ねていたことが明白だ。

しかし、晩年になっても楊澄甫は理想への努力を怠らなかった。師が平均的実践者であったなら、間違った鍛錬法に気づかずに晩年になってもゴールに届かないままであっただろう。次に、晩年の楊澄甫とＺＭＱ37のイラストのモデルとを比較してみる。

・**ポイント①**

自分自身で実践してみよう。まず上の写真のように、肘をまっすぐに伸ばしてみる。その後で下のイラストのように、伸ばした肘をやや下げてみる。どちらの方がリラックスできるか。写真やイラストのモデルに影響されずに、自分自身でチェックしてみよう。

晩年の楊澄甫とZMQ37。初心者がリラックスしやすいのはどちらだろうか。

・ポイント②
前に出した手を検証する。まず上の写真のように手を伸ばし、手首を直角に曲げて上に向ける。次に下のイラストのように、手首を伸ばし気味にする。手首、手のひら、指などの筋肉の張り具合を確かめる。どちらがよりソフトでリラックス状態に近いか。

・ポイント③
上半身の傾き具合の比較だ。上の写真のようにやや前傾姿勢を取った後で、下のイラストのように胴体をまっすぐにしてみる。どちらの姿勢がよりリラックスできるかを確かめる。

・ポイント④
ウエストを見てみよう。上の写真では、ウエストが前に出た脚に対して強く捻られている。下のイラストでは前脚の腿の付け根に作られたポケットにウエストがすっぽりと自然に落ちている。両方の形を実際に作ってみる。

・ポイント⑤
後脚を確認する。上の写真では、まっすぐに伸びて固定されているのに対し、下のイラストでは膝が柔らく曲げられている。推手の構えなどを連想せずに、純粋にリラックスした脚という観点から両者を比較する。

・ポイント⑥

足幅を検証する。上の写真のように長いスタンスは、着地と同時に足に体重がかかってしまう。つまり、太極拳に不可欠の猫のステップ(73ページ~参照)は不可能だ。

さらに後足だけで体重を支え、体をまっすぐに保つのは非常に難しい。短めのスタンスなら、着地の時、その足に体重をかけずに作れる。短めのスタンスで体重をかけずに着地し、足全体を柔らかく保てるか実際に確かめてみよう。ほとんどの人ができるだろう。次に長いスタンスを取ってみる。体重をかけずに足を地につけ、ソフトに保つことができるだろうか。難しいと思う。

次ページのイラストは、これまで検証してきた点の1つ、手の形で「リラックスVS緊張」を視覚的に明確に示している。他のポイントについても同様に、違いを示すことは簡単だ。

これまでのポイントを全て検証した結果、自身のポーズでは左側の手のイラストの方が右側よりリラックスしていると心底結論づけるなら、これ以上読む必要はない。習うことはこれ以上ない。リラックスを完璧に習得できた証拠である。達人楊澄甫と同じレベルの天才だ。これまでの自分の練習方法をそのまま疑いもせずに続けてきたからではない。楊澄甫自身が実践したように、無意識にかかってしまう緊張に注意を払い、極力それを取り除き、ポーズの形にだけ意識を集中させて練習した結果である。

私が達人楊澄甫を中傷するつもりがないことは、ここで明らかになったと思う。そのような意図が微塵もないどころか、師がいかに天才であったかに驚愕するばかりだ。自身の鍛錬方法が自分の足を引っ張っていたにも関わらず、いや、だからこそ常に疑問を投げかけ、意識して形を改善させながらアートの最高レベルに到達したのである。

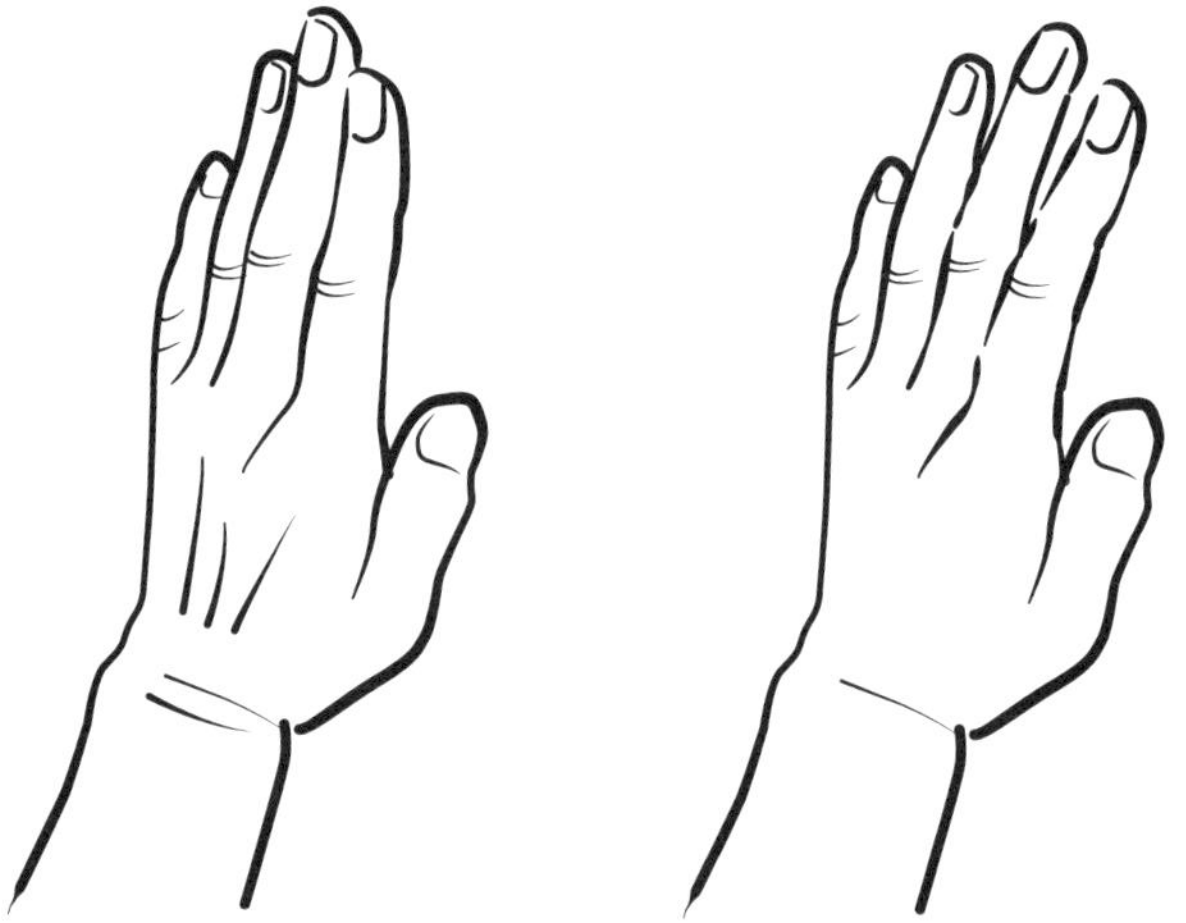

どちらの手が、よりリラックスしているか。自分自身で検証してみよう。

ここで、次の2点について考えよう。

①自分自身、クラスメート、友達、あるいは自身の先生が、楊澄甫のような素晴らしい才能を持っている確率はどのくらいだろうか。おそらくとても低いだろう。

②自分自身の鍛錬法が、どのくらい自分の足を引っ張っているだろうか。私の経験からいえば、リラックスを促すという点において、ほとんどの鍛錬法はその目的に反して作用していると思う。それは、楊澄甫の鍛錬法がその理想に逆らって働いていた以上に不利に作用していると思う。この私の観察は、太極拳のほとんどの流派、さらに八卦掌、形意拳、意拳、合気道、カンフー、気功、ヨガ、ダンスなどにも当てはまる。それらはそれ自体素晴らしいトレーニング法であることは間違いないが、内部エネルギーの養成に興味のある初心者にとっては理想とはいえない。なぜならそれらはすべて、先に紹介した楊澄甫の言葉に相反する結果を生むからである。すべて緊張を起こさせる方法である。仮にそれに気づいたとしても、随分と後になってからだろう。次に練習をする時に、それがどんな方法であれ、自分自身の体で確かめてみよう。緊張が最小限に抑えられているか。何かを見せようとしたり付け加えたりしていないか。それが緊張である。

先のイラストで示したＺＭＱ37でさえ、筋力を行使して練習することは簡単にできる。無意識に力と意識が繋がってしまえば、緊張が走る。ただＺＭＱ37は、生徒の体に過度の緊張を起こさせないように、最低限に留めるように組まれている。生徒に意識と緊張との分離を模索する機会を与えることを意図しているのだ。

楊澄甫の鍛練法が、リラックスを促進させるものではなかったことは明らかである。だが、師がリラックスのマスターであったことも等しく明白である。おそらく彼が天才であったが故に、あるいは日々の努力、生まれつきの素晴らしい資質などで、自身の鍛練法の限界を克服できたのかもしれない。しかし私たち凡人にはそんな特技はない。楊澄甫はどんなポーズも見事に取ることができた。たとえそのポーズが手足胴体の動きに緊張を誘うものであっても、意識のみの力でポーズを取ることができた。ほとんどの人が一緒に働かせてしまう意識と筋力とを、完全に分離させることができたのである。

このポイントは、とても微妙で難解だ。ほとんどの鍛練法は楊澄甫のものも含め、リラックスの達成を妨げる。楊澄甫師はそれでも、そのハンディキャップを克服できた。非凡といわざるを得ない。だからこそ、良い練習方法を選択するのがベストなのだ。何が良い練習方法なのか。それは何かを追加するのではなく、取り去ることを目的に作られた方法だ。嬉しさや興奮を呼ぶような練習方法ではないだろう。だが、バーガーキング対マクドナルドといったような鍛錬法のブランド戦争として捉えるのではなく、より深く考えて自分のためになる練習方法を考えよう。

最後に、皮肉なことだがリラックスだけが全てではない。リラックスは内部エネルギーを養成し高めるための必要条件の1つにすぎない。力を取り去り、内部エネルギー達成のために努力しよう。何かを取り除く、とそこに空間が生まれる。何かに使える。それこそが面白い。内部エネルギーが理解できると、何でもできる。

著者◎スコット・メレディス　Scott Meredith

1958年米国生まれ。武術歴は40年以上（ボクシング、長拳、八極拳、居合道、システマ、太気拳、太極拳〈陳家、楊家等〉、形意拳など多数）。鄭子太極拳の創始者、鄭曼青の高弟より鄭子太極拳を学ぶ。マサチューセッツ工科大学博士号取得。研究員としてIBM、アップル社、マイクロソフト社に25年勤務。著書に『システマを極めるストライク!』『形意拳に学ぶ 最速!内部エネルギー発生法』『太極拳「掤勁」養成法』『太極拳パワー』（全てBABジャパン）、他多数。

訳者◎大谷桂子　Keiko Otani

◎本書は、英語版書籍『PACKING ― SUPERCHARGE YOUR HANDS』（Scott Meredith 著）を翻訳のうえ、再構成したものです。

装丁デザイン● 梅村昇史
本文デザイン● k.k.- さん

手から溢れ出す！“非身体的パワー”
「スパーク」する!!!
簡単ドリルで内部エネルギーをスーパーチャージ

2016年8月30日　初版第1刷発行

著　者　スコット・メレディス
訳　者　大谷桂子
発行者　東口敏郎
発行所　株式会社 BAB ジャパン
〒 151-0073 東京都渋谷区笹塚 1-30-11　4・5 F
TEL　03-3469-0135　　FAX　03-3469-0162
URL　http://www.bab.co.jp/
E-mail　shop@bab.co.jp
郵便振替 00140-7-116767
印刷・製本　株式会社暁印刷

ISBN978-4-86220-996-2 C2075

中国武術BOOK ―― 絶賛発売中!!

全ての流派に通じる、現代の太極拳バイブル

太極拳パワー

「ARC プロセス」で、内部エネルギーを足から手へ!

■スコット・メレディス 著／大谷桂子 訳
■四六判（並製） ■268頁
■本体1,600円＋税

力士や格闘家も圧倒!!! リラックスが生む、不思議なパワーの秘密とは!? アメリカの最先端科学者が、"東洋の神秘"太極拳の極意理論を公開!

太極拳は単なる武術でも健康法でもなく、「意識を使って、内部エネルギーを足から手へと伝達する訓練」だった。そしてFAB（完全に活性化された身体）へ至れば、魂を揺さぶるエネルギーと快楽が生まれる。表面的な動作手順ではなく、本質的考え方を紹介!

CONTENTS

中国武術BOOK ―― 絶賛発売中!!

太極拳の根源的パワー!!!

たった7つのポーズで身につく

太極拳「掤勁《ポンケイ》」養成法

非身体的エネルギーのルートをアクティブ化する!

■スコット・メレディス 著／大谷桂子 訳
■四六判（並製） ■212頁
■本体1,600円＋税

アメリカの最先端科学者が、"東洋の神秘"太極拳の極意を掴むカンタンな練習法を初公開!!

太極拳は、単なる武術でも健康法でもない。真のリラックスによって、波のようにうねる非身体的エネルギーのルートを確立する方法だった。誰でもすぐに試せる方法をイラストを交えて紹介!

CONTENTS（抜粋）

◎ 掤勁（ポンケイ）とは?

太極拳が生み出す根源的なパワーである。足裏から上昇して手先に至る、非身体的エネルギー波によって生み出されるもの。